na coelho

S0-ABO-521

COLECCIÓN
LECTURAS CLÁSICAS GRADUADAS

El sí
de las niñas

Leandro Fernández de Moratín

Nivel I

edelsa
GRUPO DIDASCALIA, S.A.
Plaza Ciudad de Salta, 3 - 28043 MADRID - (ESPAÑA)
TEL.: (34) 914.165.511 - FAX: (34) 914.165.411

Director de la colección:
A. González Hermoso

***

Adaptadores de *El sí de las niñas:*
Blanca D'Ors Lois

***

La versión adaptada sigue la edición de *El si de las niñas,*
de Leandro Fernández de Moratín, Ediciones Cátedra, S. A., Madrid 1994.

1ª Edición: 1995
1ª Reimpresión: 1997
2ª Reimpresión: 1999
3ª Reimpresión: 2000

Dirección y coordinación editorial:
Pilar Jiménez Gazapo
Adjunta dirección y coordinación editorial:
Ana Calle Fernández

Diseño de cubierta, maquetación:
Departamento de imagen EDELSA
Fotocomposición: Fotocomposición Crisol, S.A.
Fotografía portada: J. R. Brotons
Filmación: Alef de Bronce
Imprenta: Gráficas Movimar

© 1995, EDITORIAL EDELSA grupo Didascalia, S. A.

I.S.B.N.: 84-7711-100-6
I.S.B.N. (de la colección): 84-7711-103-0
Depósito legal: M-44887-2000
Impreso en España

Reservados todos los derechos. De conformidad con lo dispuesto en el Art. 534-bis a) y siguientes del Código Penal vigente, podrán ser castigados con penas de multa y privación de libertad quienes reprodujeren o plagiaren, en todo o en parte, una obra literaria, artística o científica, fijada en cualquier tipo de soporte, sin preceptiva autorización.

Desde los primeros momentos del aprendizaje del español, el estudiante extranjero se siente atraído por los grandes nombres de la literatura en español, pero, evidentemente, no puede leer sus obras en versión original.

De ahí el objetivo de esta colección de adaptar grandes obras de la literatura en lengua española a los diferentes niveles del aprendizaje: elemental, intermedio, avanzado.

En todos los títulos hay:

- Una breve **presentación** de la vida y obra del autor.

- Una **adaptación** de la obra con las características siguientes:
    - mantener los elementos importantes de la narración y la acción;
    - conservar todo lo más posible las palabras y construcciones del autor según el nivel (I, II, III) de la adaptación;
    - sustituir construcciones sintácticas y términos léxicos que sean difíciles o de poco uso en la actualidad.

- Una **selección** de partes significativas de la obra en su **versión original**. El lector, una vez leída la adaptación, puede seguir así los momentos principales del relato.

- La **lista de palabras** de la obra adaptada, agrupando en la misma entrada a las de la misma familia léxica. El lector puede elaborar así su propio diccionario.

- Una **guía de comprensión lectora** que ayuda a elaborar la **ficha resumen** de la lectura del libro.

Y en algunos títulos hay:

- Una casete audio que permite trabajar la comprensión oral.

- Una casete vídeo en versión original que complementa la lectura.

La colección de **Lecturas clásicas graduadas** pretende que el lector disfrute con ellas y que de ahí pase a la obra literaria íntegra y original.

M o r a t í n

Vida

Autor español del siglo XVIII.

Nació en Madrid en 1760. Era hijo de Nicolás Fernández de Moratín, también escritor.

Fue un hombre tímido e inseguro. La causa de esto pudo ser una enfermedad que tuvo de muy niño, que le dejó la cara llena de marcas.

Vivió bajo los reinados de Carlos III, Carlos IV y Fernando VII. Desde su juventud se dedicó a escribir y viajó por Europa en varias ocasiones.

En 1796 alcanzó una vida cómoda y estable. Trabajó en el servicio oficial de traducción y después fue director de la Junta de Dirección y Reforma de los teatros.

En 1808, en la Guerra de la Independencia de España contra Napoleón, apoyó a los franceses. Fernando VII lo desterró a Francia, pero se quedó en Barcelona hasta que le concedieron el perdón. Después se marchó a Francia e Italia.

En 1820, restablecida la Constitución de 1812, regresó a Barcelona. Un año después una epidemia le obligó a volver a Francia, hasta su muerte en 1828.

Obra

Pertenece a la época de la *Ilustración* y el *Neoclasicismo*.

Es, ante todo, un renovador que quiso combatir los excesos del estilo barroco tardío y degenerado.

Tradujo dos obras de Molière (*L'école des maris* y *Le médecin malgré lui*) y una de Shakespeare (*Hamlet*).

Escribió también unos cien poemas y algunas obras en prosa.

Sin embargo, son más famosas sus comedias, que se consideran origen de la comedia moderna. Sólo escribió cinco comedias originales, tres en verso:

    El viejo y la niña
    El barón
    La mojigata

y dos en prosa:

    La comedia nueva o el café
    El sí de las niñas

M

Las principales características de su teatro son el realismo y la intención didáctica.

Moratín trata de imitar la realidad a través de los personajes y las situaciones. Presenta, además, formas de conducta equivocadas: el abuso de la autoridad paterna, origen de los matrimonios concertados y desiguales, o los peligrosos efectos del teatro postbarroco.

o

Su comedia tiene influencia de Molière y de otros autores españoles, como Alarcón o Tirso de Molina.

Ha influido a su vez sobre algunos autores del Romanticismo, del Realismo y de comienzos del siglo XX.

r

El sí de las niñas

Es la última y más perfecta de sus comedias.

Se estrenó en 1806 y fue el mayor éxito teatral del Neoclasicismo español.

a

Responde al ideal reformista de Moratín. En ella presenta el problema de los matrimonios desiguales.

Aparece la mentira como elemento dramático: todos los personajes disimulan, mienten o callan la verdad.

El conflicto nace a partir de una serie de mentiras. Sólo un personaje llega a romper esa cadena y se descubre la verdad.

t

Se ha hablado de posibles influencias en esta obra:

Le traité nul, de Marsollier; *L'école des mères,* de Marivaux y *Entre bobos anda el juego,* del español Rojas Zorrilla.

í

n

Obra Adaptada

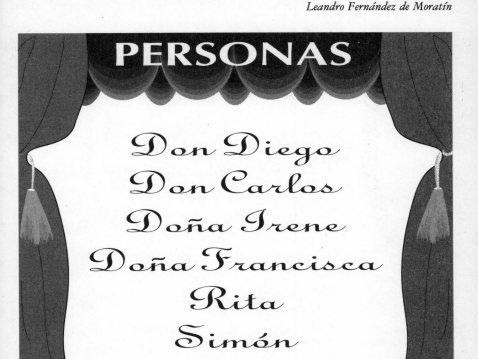

PERSONAS

Don Diego

Don Carlos

Doña Irene

Doña Francisca

Rita

Simón

Calamocha

[1] *posada:* casa donde se alquilan habitaciones.

La escena tiene lugar en una posada[1] de Alcalá de Henares.

[2] *foro:* fondo del escenario de un teatro.

El teatro representa una sala de paso con cuatro puertas de habitaciones, todas numeradas. Hay una puerta más grande en el foro[2], con una escalera que lleva al piso bajo de la casa; una ventana a un lado y una mesa en medio, con un banco, sillas, etcétera. La acción empieza a las siete de la tarde y acaba a las cinco de la mañana siguiente.

ACTO PRIMERO
ESCENA I

Don Diego, Simón

(Don Diego sale de su habitación. Simón está sentado en una silla y se levanta.)

DON DIEGO.- ¿No han venido todavía?

SIMÓN.- No, señor.

DON DIEGO.- Se lo han tomado despacio[3].

SIMÓN.- Su tía la quiere tanto, y no la ha visto desde que la llevaron a Guadalajara...

DON DIEGO.- Sí, pero con media hora de visita[4] y cuatro lágrimas estaba bien.

SIMÓN.- Ha sido extraño[5] eso de estar usted dos días enteros sin salir de la posada. Yo no comprendo la causa. ¿Hay algo más que haber acompañado usted a doña Irene hasta Guadalajara para sacar del convento[6] a la niña y volvernos con ellas a Madrid?

DON DIEGO.- Sí, hombre; hay algo más. Mira, Simón, que no debes decirlo... Ya sabes que hemos

[3] *tomárselo despacio:* tomárselo con calma, hacer las cosas despacio.

[4] *visita:* acción de visitar; aquí, ir a ver a una persona a su casa.

[5] *extraño:* aquí, que no es corriente.
[6] *convento:* casa donde viven los miembros de una orden religiosa.

sacado a esa niña del convento y nos la llevamos a Madrid.

SIMÓN.- Sí, señor.

[7] *tener noticias:* oír hablar de alguien o de algo.
[8] *monja:* religiosa.
[9] *elogio:* expresión de las buenas cualidades de una persona.

DON DIEGO.- Pues bien... Yo, la verdad, nunca había visto a doña Paquita; pero he tenido noticias[7] de ella por su madre y por las cartas de su tía la monja[8], con la que ha vivido en Guadalajara. La he observado en estos días, y, la verdad, todos los elogios[9] que hicieron de ella creo que son pocos.

[10] *linda:* bella, bonita.

SIMÓN.- Sí... Es muy linda[10] y...

[11] *inocencia:* ingenuidad, sencillez, sinceridad.
[12] *tener talento:* ser inteligente.

DON DIEGO.- Es muy linda, muy graciosa, muy obediente... Y sobre todo, tiene mucha inocencia[11]. Y mucho talento[12]. Así que, yo he pensado...

SIMÓN.- Ya lo adivino. Y me parece una excelente idea.

DON DIEGO.- Pero ¿ya has entendido?...

SIMÓN.- Pues claro... ¡vaya!... Le digo a usted que me parece muy buena boda.

DON DIEGO.- Sí, señor... Yo lo he pensado mucho y lo veo muy bien. Pero no debe saberse por ahora.

SIMÓN.- Hace usted bien.

DON DIEGO.- No todos ven las cosas igual, y alguno dirá que es una locura. Ella es una pobre... Pero yo no he buscado dinero, porque ya lo tengo; he buscado bondad.

SIMÓN.- Eso es lo principal...

DON DIEGO.- Dices bien... ¿Tú sabes lo que es una mujer que sabe cuidar de la casa?... Siempre peleando con amas[13]... No, señor; vida nueva. Ella me cuidará con amor y viviremos como unos santos... Y da igual si hablan y...

[13] *ama:* aquí, criada principal de una casa.

SIMÓN.- Pero si están los dos de acuerdo, ¿qué pueden decir?

DON DIEGO.- No, yo ya sé qué dirán... Dirán que la boda es desigual, que no hay proporción[14] en la edad, que...

[14] *proporción:* correspondencia entre dos cosas.

SIMÓN.- Vamos, no me parece tan grande la diferencia. Siete u ocho años, a lo más[15].

[15] *a lo más:* como mucho; no más.

DON DIEGO.- ¡Qué va, hombre! ¿Siete u ocho años? Si ella ha cumplido dieciséis años hace pocos meses.

SIMÓN.- ¿Y qué?

DON DIEGO.- Y yo, gracias a Dios estoy fuerte, pero... ya tengo mis cincuenta y nueve años.

SIMÓN.- Pero si yo no hablo de eso.

DON DIEGO.- Pues, ¿de qué hablas?

SIMÓN.- Vamos, o usted no se explica bien o yo lo entiendo al revés... En resumen, doña Paquita, ¿con quién se casa?

DON DIEGO.- ¡Pues conmigo!

SIMÓN.- ¡Y yo pensaba que había adivinado!

DON DIEGO.- Pues, ¿qué creías?

SIMÓN.- Pensaba en don Carlos, su sobrino, un chico con talento, culto, excelente soldado...

DON DIEGO.- ¡Qué idea! ¡Con él la iba a casar!... No, señor; se hará hombre de valor y...

[16] *grado de teniente coronel:* alta categoría militar.
[17] *cruz de Alcántara:* distintivo de los caballeros de esta Orden Militar.

SIMÓN.- ¡Valor! ¿Todavía le pide usted más valor? Pues muy contento quedó usted en la última guerra del valor de su sobrino. Yo le vi a usted llorar de alegría cuando el rey le premió con el grado de teniente coronel[16] y una cruz de Alcántara[17].

[18] *venir a cuento:* tener relación con lo que se habla.

DON DIEGO.- Sí, señor; todo es verdad; pero no viene a cuento[18]. Yo soy el que me caso.

SIMÓN.- Si está usted bien seguro de que ella le quiere, si no la asusta la diferencia de edad, si su elección es libre...

[19] *confianza:* aquí, seguridad que se tiene en una persona.
[20] *interrumpir:* aquí, empezar a hablar mientras otra persona está hablando.

DON DIEGO.- ¡Pues claro!... La religiosa de Guadalajara, la de Alcalá, doña Irene su madre, todas ellas me han dado toda la seguridad posible... La criada le ha servido en Madrid y en el convento y me ha dicho que nunca observó en doña Paquita ningún interés por los hombres que ha visto. Coser, leer libros piadosos, oír misa y correr por la huerta detrás de las mariposas han sido su ocupación y sus diversiones... Y, a pesar de tantas seguridades, intento ganar su amistad y su confianza[19]... Aún hay tiempo... pero doña Irene siempre la interrumpe[20]; todo lo dice ella... Y es muy buena mujer...

SIMÓN.- En fin, señor, saldrá como usted quiere.

DON DIEGO.- Sí; yo espero que no va a salir mal. El novio no es muy de tu gusto, pero... ¡Y me recomendabas[21] al sobrinito! ¿Tú sabes qué enfadado estoy con él?

[21] *recomendar:* hacer elogios de algo o alguien.

SIMÓN.- Pues ¿qué ha hecho?

[22] *una de las suyas:* una travesura.
[23] *regimiento:* tropa, unidad militar.

DON DIEGO.- Una de las suyas[22]... Y hasta hace pocos días no lo he sabido. El año pasado, ya sabes, estuvo dos meses en Madrid... Y me costó bastante dinero la visita... En fin, es mi sobrino, y no importa. Llegó el momento de irse a Zaragoza su regimiento[23]... Ya te acuerdas de que pocos días después de haber salido de Madrid recibí la noticia de su llegada. Y que siguió escribiéndome, siempre desde Zaragoza.

SIMÓN.- Es verdad.

²⁴ *pícaro:* sinvergüenza, caradura.

DON DIEGO.- Pues el pícaro[24] no estaba allí cuando me escribía las cartas.

SIMÓN.- ¿Qué dice usted?

DON DIEGO.- Sí, señor. El día 3 de julio salió de mi casa, y a fines de septiembre aún no había llegado a Zaragoza...

SIMÓN.- Tal vez se puso malo en el camino, y por no darle a usted preocupación...

DON DIEGO.- Nada de eso. Amores del señor oficial... Si encuentra un par de ojos negros ya es hombre perdido...

²⁵ *temer:* tener miedo.

SIMÓN.- ¡Oh!, no hay que temer[25]...

²⁶ *mayoral:* aquí, persona que conduce un coche de caballos, cochero.

DON DIEGO.- Me parece que están ahí... Sí. Busca al mayoral[26]. Tenemos que quedar de acuerdo en la hora a la que saldremos mañana.

SIMÓN.- Está bien.

(Simón se va. Entran las tres mujeres.)

ESCENA II

Doña Irene, Doña Francisca, Rita, Don Diego

DOÑA FRANCISCA.- Ya estamos aquí.

DON DIEGO.- Muy bien venidas, señoras.

DOÑA IRENE.- ¿Y usted no ha salido?

DON DIEGO.- No, señora. Más tarde daré una vuelta por ahí... He leído un rato. Traté de dormir, pero en esta posada no se duerme.

DOÑA FRANCISCA.- Es verdad... ¡Y qué mosquitos! Anoche no me dejaron tranquila... Pero mire usted cuántas cosas traigo. Rosarios[27], cruces...

[27] *rosario:* objeto que sirve para rezar. Se dice «rezar el rosario».

DOÑA IRENE.- Chucherías[28] que le han dado las madres.

[28] *chucherías:* cosas pequeñas y de poco valor.

DOÑA FRANCISCA.- ¡Cómo me quieren todas! ¡Y mi pobre tía, lloraba tanto!... Es ya muy viejecita.

DOÑA IRENE.- Ha sentido mucho no conocerle a usted.

DOÑA FRANCISCA.- Sí, es verdad. Decía: ¿Por qué no ha venido aquel señor? Toma, guárdamelo todo allí.

(Rita se va a la habitación de doña Irene.)

ESCENA III

Doña Irene, Doña Francisca, Don Diego

DOÑA FRANCISCA.- ¿Nos vamos adentro, mamá, o nos quedamos aquí?

DOÑA IRENE.- Ahora, niña, primero quiero descansar un rato. *(Doña Francisca se sienta junto a[29] su madre.)*

[29] *junto a:* al lado de.

DON DIEGO.- Hoy sí que ha hecho calor.

DOÑA IRENE.- Mi hermana sigue bastante delicada[30]. Ha sufrido mucho este invierno... Pero, vaya, está muy contenta de nuestra elección.

[30] *delicada:* aquí, enfermiza.

DON DIEGO.- Me alegro.

DOÑA IRENE.- Sí, Trinidad está muy contenta; y Circuncisión, ya sabe usted. Le ha sido difícil separarse de ella, pero ha entendido que si es por su bien hay que pasar por todo[31]...

[31] *pasar por todo:* estar dispuesto a todo.

DON DIEGO.- Es verdad. Sólo falta ver la misma felicidad en doña Paquita.

DOÑA IRENE.- Es una hija obediente, y no desobedecerá nunca a su madre.

DON DIEGO.- Todo eso es cierto, pero... ¿no podría...?

DOÑA FRANCISCA.- ¿Me voy, mamá? *(Se levanta y vuelve a sentarse.)*

DOÑA IRENE.- No, señor. Una niña bien educada, hija de buenos padres, debe portarse siempre correctamente. Ahí donde usted la ve, la chica es un vivo retrato[32] de su abuela, que Dios perdone[33], doña Jerónima de Peralta... En casa tengo el cuadro, ya lo habrá visto usted. Lo hicieron para enviárselo a su tío el padre fray[34] Serapión de San Juan Crisóstomo...

DON DIEGO.- Ya.

DOÑA IRENE.- Murió en el mar el buen religioso, y fue un gran quebranto[35] para toda la familia.

DOÑA FRANCISCA.- ¿Me voy, mamá?

DOÑA IRENE.- Anda, vete. ¡Vaya por Dios[36], qué prisa tienes!

DOÑA FRANCISCA.- ¿Le hago una cortesía[37] a la francesa, señor don Diego?

DON DIEGO.- Sí, hija mía. A ver.

DOÑA FRANCISCA.- Mire usted, así. *(Se levanta y hace una graciosa cortesía a don Diego.)*

DON DIEGO.- ¡Qué niña tan graciosa! ¡Viva Paquita!

[32] *ser el vivo retrato de:* parecerse mucho a.
[33] *que Dios perdone:* expresión que se usa al hablar de una persona que ha muerto.
[34] *fray:* fraile; miembro de una orden religiosa. La apócope *fray* se usa delante del nombre propio.
[35] *quebranto:* aquí, dolor, pérdida.
[36] *¡vaya por Dios!:* expresión de disgusto frente a una contrariedad.
[37] *cortesía:* aquí, reverencia, inclinación del cuerpo en señal de respeto.

DOÑA FRANCISCA.- Para usted, una cortesía, y para mi mamá, un beso. *(Da un beso a doña Irene y se va al cuarto de ésta.)*

Escena IV

Doña Irene, Don Diego

[38] *mona:* aquí, bonita, linda.

DOÑA IRENE.- Es muy graciosa y muy mona[38].

DON DIEGO.- Sólo quiero que hable libremente sobre nuestra unión, y...

DOÑA IRENE.- Oiría usted lo mismo que ya le he dicho.

[39] *dudar:* no creer algo.

DON DIEGO.- Sí, no lo dudo[39]; pero saber que me tiene algún cariño será para mí una felicidad enorme.

[40] *ingenuidad:* naturalidad, ausencia de malicia.

DOÑA IRENE.- Puede usted estar seguro de eso, pero debe comprender que una niña no puede decir con ingenuidad[40] sus sentimientos. Parecerá mal, señor don Diego, si una chica soltera decente le dice a un hombre: Yo le quiero a usted.

DON DIEGO.- Bien; si es un desconocido hará muy mal; pero a un hombre con el que va a casarse dentro de pocos días, ya podía decirle algo que... Además, hay maneras de explicarse...

DOÑA IRENE.- Conmigo es más sincera. A cada momento hablamos de usted, y muestra el cariño especial que le tiene...

DON DIEGO.- ¿Habla de mí?

DOÑA IRENE.- Y sabe qué bueno es para una niña de sus años un marido de cierta edad[41], con experiencia y de comportamiento...

DON DIEGO.- ¿Eso dice?

DOÑA IRENE.- No, esto se lo digo yo, y me escucha con la atención de una mujer de cuarenta años, lo mismo... ¿Pues no da pena, señor, ver los matrimonios que se hacen hoy? Casan a una niña de quince años con un niño de dieciocho, los dos sin juicio[42] ni experiencia. Y ¿quién va a cuidar la casa? ¿Quién va a educar a los hijos? Porque además suelen[43] llenarse de hijos, que da pena.

DON DIEGO.- Es cierto.

DOÑA IRENE.- Yo aún no había cumplido los diecinueve cuando me casé con don Epifanio, un hombre muy serio y educado... Y al mismo tiempo muy divertido. Pues ya tenía los cincuenta y seis largos[44] cuando se casó conmigo.

[41] *de cierta edad:* maduro, de bastantes años.

[42] *juicio:* aquí, madurez, sensatez, prudencia.
[43] *suelen:* del verbo *soler,* ser frecuente una cosa.

[44] *cincuenta y seis largos:* más de cincuenta y seis años.

DON DIEGO.- Buena edad... No era un niño, pero...

45 **alferecía**: enfermedad que produce convulsiones y pérdida del conocimiento.

46 **quedar encinta**: esperar un hijo.

DOÑA IRENE.- Pues a eso voy... Y tampoco estaba delicado de salud. En su vida sólo tuvo una especie de alferecía[45] de vez en cuando. Pero después de casarnos le dio más fuerte y a los siete meses quedé viuda y encinta[46].

DON DIEGO.- Así que dejó hijos el bueno de don Epifanio. ¿Y fue niño o niña?

DOÑA IRENE.- Un niño muy hermoso.

47 **consuelo**: lo que ayuda a aligerar las penas.

DON DIEGO.- Es un consuelo[47] tener, así, un hijo y...

DOÑA IRENE.- ¡Hijos de mi vida! He tenido veintidós en los tres matrimonios que llevo hasta ahora, y sólo me queda esta niña, pero...

Escena V

Simón, Doña Irene, Don Diego

SIMÓN.- *(Entra por la puerta del foro.)* Señor, el mayoral está esperando.

DON DIEGO.- Dile que voy allá... ¡Ah! Tráeme primero el sombrero y el bastón, quiero dar una vuelta por el campo. *(Simón entra al cuarto de don Diego, saca un sombrero y un bastón y se los da.)* ¿Saldremos mañana temprano?

DOÑA IRENE.- No hay problema.

DON DIEGO.- A eso de las seis, ¿eh?

DOÑA IRENE.- Muy bien. *(Don Diego y Simón se van.)*

ESCENA VI

Doña Irene, Rita,

DOÑA IRENE.- ¡Vaya por Dios! Ahora me acuerdo... ¡Rita!... Me lo habrán dejado morir. ¡Rita!

RITA.- Señora. *(Saca debajo del brazo almohadas y sábanas.)*

[48] *tordo: ave.*

DOÑA IRENE.- ¿Qué has hecho con el tordo[48]? ¿Le diste de comer?

RITA.- Sí, señora. Lo puse ahí, en la ventana del pasillo.

DOÑA IRENE.- ¿Hiciste las camas?

RITA.- La de usted ya está. Voy a hacer las otras.

DOÑA IRENE.- ¡Qué pereza⁴⁹ tengo de escribir! *(Se levanta y entra en su cuarto. Rita entra en el cuarto de doña Francisca.)*

ESCENA VII

Calamocha

⁵⁰ *látigo:* objeto usado para golpear a los caballos y hacerlos correr.
⁵¹ *agujetas:* dolor en los músculos después de hacer ejercicio.
⁵² *desperezándose:* estirándose.

CALAMOCHA.- *(Entra por la puerta del foro con unas maletas, botas y un látigo⁵⁰. Lo deja todo sobre la mesa y se sienta.)* ¡Ay, ay! ¡Qué agujetas!⁵¹ Paciencia, Calamocha, paciencia... y gracias a que los caballitos dijeron: no podemos más, que si no... *(Canta Rita desde dentro. Calamocha se levanta desperezándose⁵².)* No canta mal... ¡Vaya, tenemos aventura!...

ESCENA VIII

Rita, Calamocha

RITA.- Es mejor cerrar. Si nos roban la ropa... *(Intentando cerrar con llave.)*

⁵³ *echar una mano:* ayudar.

CALAMOCHA.- ¿Le echo una mano⁵³, mi vida?

RITA.- Gracias, mi alma.

CALAMOCHA.- ¡Rita!

RITA.- ¡Calamocha!

CALAMOCHA.- ¿Qué haces tú aquí?

[54] *amo:* persona que tiene criados.

RITA.- ¿Y tu amo[54]?

[55] *pájaros:* se refiere aquí a doña Irene y a Paquita.
[56] *molidos:* aquí, muy cansados, agotados.

CALAMOCHA.- Los dos acabamos de llegar. Recibió la carta de doña Paquita, y enseguida salimos de Zaragoza. Llegamos esta mañana a Guadalajara, y los pájaros[55] habían volado ya. Otra vez a caballo y... molidos[56], hemos parado aquí pensando en salir mañana... Ésta es la historia.

RITA.- ¿Así que le tenemos aquí?

[57] *celoso:* que duda del amor de una persona querida.

CALAMOCHA.- Y más enamorado que nunca, celoso[57]...

RITA.- Ahora sí se ve que la ama. ¡Ay, si la señorita lo sabe!

CALAMOCHA.- Pero, ¿cómo te encuentro aquí?, ¿con quién estás?, ¿cuándo llegaste?

[58] *sermón:* aquí, discurso para enseñar o advertir sobre lo que se debe hacer. Habitualmente, conferencia de carácter religioso.
[59] *bendita:* aquí, persona con buena intención, pero que resulta pesada.

RITA.- La madre de doña Paquita escribió cartas y más cartas, anunciándole su boda en Madrid con un caballero rico, honrado, en resumen, perfecto y que no había más que desear. Desesperada la señorita con estos planes y con los sermones[58] de aquella bendita[59] monja, tuvo que decir que sí... Pero ¡cuánto lloró la pobrecita! Y al mismo tiempo tenía

[60] *disimular:* aquí, esconder los sentimientos.
[61] *arrugada:* aquí, vieja.

que disimular[60]. Pensamos entonces avisar a tu amo. Si su cariño era tan verdadero como había dicho, no iba a permitir la boda de su pobre Paquita con un desconocido, ni a olvidar para siempre tantas lágrimas y suspiros. Pocos días después la madre y el novio vienen por ella. Nos despedimos de aquellas mujeres, y llegamos anteayer a Alcalá para visitar a otra tía monja, tan arrugada[61] y tan sorda como la de Guadalajara. Creo que mañana temprano saldremos.

CALAMOCHA.- ¿Así que el novio está en la posada?

RITA.- Ésa es su habitación, ésta la de la madre y aquélla la nuestra. *(Señala las habitaciones de don Diego, doña Irene y doña Francisca.)*

CALAMOCHA.- ¿La nuestra? ¿Tuya y mía?

RITA.- No, por cierto. Aquí dormiremos esta noche la señorita y yo.

CALAMOCHA.- Bien. Adiós. *(Recoge las cosas que puso sobre la mesa.)* Pero el novio, ¿trae criados, amigos o parientes?

RITA.- Un criado viene con él.

CALAMOCHA.- ¡Poca cosa!... Mira, dile, por favor, que está en peligro. Adiós... *(Entra con las cosas en el cuarto de don Carlos.)*

Escena IX

Doña Francisca, Rita,

RITA.- ¡Qué malo es!... Pero... ¡Vaya por Dios, don Félix aquí!... Sí, la quiere, ya se ve... *(Sale Calamocha del cuarto de don Carlos, y se va.)* Pero, ¿qué dirá la señorita? ¡Pobrecita! Es ella. *(Sale doña Francisca.)*

DOÑA FRANCISCA.- ¡Ay, Rita!

RITA.- ¿Qué es eso? ¿Ha llorado usted?

DOÑA FRANCISCA.- ¿No voy a llorar? Mi madre está empeñada[62] en que debo querer mucho a ese hombre... Ella no sabe lo que sabes tú, por eso me manda cosas imposibles... Que es tan bueno, que es rico, y que me irá tan bien con él... Se ha enfadado tanto, y me ha llamado desobediente... ¡Pobre de mí! Porque no sé mentir.

RITA.- Señorita, por Dios, no debe estar triste.

DOÑA FRANCISCA.- Ya, como tú no lo has oído... Y dice que don Diego se queja[63] de que yo no le digo nada... Sí que le digo, y he intentado estar contenta delante de él, y reírme y decir tonterías... Y todo por dar gusto a mi madre, que si no... *(Se va oscureciendo lentamente el teatro.)*

[62] *empeñarse en:* insistir en la misma idea.

[63] *quejarse:* expresar el dolor, la pena o el descontento.

RITA.- Vamos, no hay razón todavía para tanta angustia... ¿Quién sabe?... ¿No se acuerda usted ya de aquella fiesta que tuvimos el año pasado en la casa de campo del intendente[64]?

[64] *intendente:* jefe superior de la administración militar.

DOÑA FRANCISCA.- ¡Ay! ¿Cómo puedo olvidarlo?... Pero, ¿qué me vas a contar?

RITA.- Aquel caballero que vimos allí con aquella cruz verde, tan guapo, tan fino...

[65] *rodeos:* aquí, expresión para decir algo indirectamente.

DOÑA FRANCISCA.- ¡Qué rodeos![65] Don Félix. ¿Y qué?

RITA.- Que nos acompañó hasta la ciudad...

DOÑA FRANCISCA.- Y luego volvió, y le vi, por desgracia, muchas veces... como tú querías.

RITA.- ¿Por qué, señora?... ¿A quién dimos escándalo? Nadie lo ha imaginado en el convento. Él no entró nunca por las puertas y cuando hablaba con usted de noche, había entre los dos una distancia muy grande. Un amante así no puede olvidarse tan pronto de su querida Paquita... ¿Se acuerda usted de aquellas tres palmadas[66] entre once y doce de la noche, de aquella música?

[66] *palmada:* golpe que se da con las palmas de las manos entre sí.

V. O. nº 3 en págs. 73-74

DOÑA FRANCISCA.- ¡Ay , Rita! Me acuerdo de todo. Pero no está aquí y tendrá quizá nuevos amores.

RITA.- Eso no lo puedo creer. Hay hombres muy embusteros[67], pero no lo será el que ha dado tantas pruebas de amor.

DOÑA FRANCISCA.- Por eso le quise tanto... ¿qué habrá dicho al ver la carta?... ¡Oh! Yo sé lo que habrá dicho...: ¡Qué pena! ¡Pobre Paquita! Y se acabó... No habrá dicho más...

RITA.- No, señora, no ha dicho eso.

DOÑA FRANCISCA.- ¿Tú que sabes?

RITA.- Lo sé bien. Habrá leído la carta y vendrá volando a consolar[68] a su amiga... Pero... *(Se acerca a la puerta del cuarto de doña Irene.)* Dejará de escribir pronto. Empieza a anochecer... Señorita, lo que le he dicho a usted es la pura verdad. Don Félix está ya en Alcalá.

[68] *consolar:* dar consuelo, animar, tranquilizar.

DOÑA FRANCISCA.- ¿Qué dices?

RITA.- Aquél es su cuarto... Calamocha acaba de hablar conmigo. Y le ha ido a buscar para...

DOÑA FRANCISCA.- ¿Entonces me quiere?... ¡Ay, Rita! Qué bien hicimos en avisarle... ¡Correr tantos kilómetros sólo por verme..., porque yo se lo mando!... ¡Qué agradecida le debo estar!...

RITA.- Voy a traer luces. Intentaré quedarme por allá abajo hasta su vuelta... Veré qué piensa hacer, porque estando todos aquí, puede haber problemas entre la madre, la hija, el novio y el amante.

DOÑA FRANCISCA.- Tienes razón... Pero no; él sabrá hacerlo bien. Y ¿cómo vas a avisarme?...

RITA.- No hay que preocuparse. Yo le traeré por aquí, y al darme esa tos seca... ¿me entiende usted?

DOÑA FRANCISCA.- Sí, bien.

RITA.- Pues entonces sólo hay que salir con cualquier excusa[69]. Yo me quedaré con la señora mayor; le hablaré de sus maridos y de su tío... Además, si está allí don Diego...

[69] *excusa:* explicación que se da para hacer o no hacer algo.

DOÑA FRANCISCA.- Bien, anda; y nada más llegar...

RITA.- Enseguida.

DOÑA FRANCISCA.- ¡Qué consolada estoy! *(Doña Francisca se va al cuarto de doña Irene; Rita, por la puerta del foro.)*

ACTO SEGUNDO

ESCENA I

Doña Francisca

70 impaciencia: falta de paciencia para esperar.

DOÑA FRANCISCA.- No viene nadie aún... *(El teatro está oscuro. Doña Francisca se acerca a la puerta del foro y vuelve.)* ¡Qué impaciencia[70] tengo!... Y mi madre dice que soy una simple y que no sé lo que es amor... Pero ya sé lo que es querer y las lágrimas que cuesta.

ESCENA II

Doña Irene, Doña Francisca

71 dejar a oscuras: dejar sin luz.

DOÑA IRENE.- Me habéis dejado a oscuras[71].

DOÑA FRANCISCA.- Estaba usted escribiendo y me he venido aquí por no molestarle.

DOÑA IRENE.- Pero esa muchacha, ¿por qué no trae una luz? *(Se sienta.)* ¿Y don Diego? ¿No ha venido?

DOÑA FRANCISCA.- Me parece que no.

DOÑA IRENE.- Pues acuérdate de lo que te he dicho, niña. Este caballero está enfadado, y con muchísima razón.

DOÑA FRANCISCA.- Sí, señora; ya lo sé.

DOÑA IRENE.- Mira que una boda como la tuya muy pocas la pueden hacer. Claro que debemos esta suerte a las oraciones de tus tías, y no a tus buenas cualidades ni a mi esfuerzo... ¿Qué dices?

DOÑA FRANCISCA.- Nada, mamá.

DOÑA IRENE.- ¡Vaya por Dios!... Cuando te hablo de esto no se te ocurre[72] nada que decir.

[72] *ocurrirse(le) a uno algo:* tener una idea.

ESCENA III

Rita, Doña Irene, Doña Francisca

(Rita entra por la puerta del foro con luces y las pone encima de la mesa.)

DOÑA IRENE.- Pensé que no venías en toda la noche.

RITA.- Señora, he tardado porque han ido a comprar las velas[73].

[73] *vela:* objeto de cera que se enciende y sirve para dar luz.

DOÑA IRENE.- Mira, deja una luz ahí, y llévate la otra a mi cuarto. Y corre la cortina[74], o se me llenará todo de mosquitos.

[74] *cortina:* tela que se usa para cubrir ventanas.

RITA.- Muy bien. *(Coge una luz y se va.)*

DOÑA FRANCISCA.- *(Aparte a Rita.)* ¿No ha venido?

RITA.- Vendrá.

DOÑA IRENE.- Coge la carta que está sobre la mesa. *(Rita se va al cuarto de doña Irene.)* Y tú, niña, ¿qué vas a cenar? Porque tendremos que acostarnos pronto para salir mañana temprano.

DOÑA FRANCISCA.- Como las monjas me hicieron merendar...

DOÑA IRENE.- Bueno... Por lo menos una sopa para calentar el estómago... *(Rita sale con una carta en la mano.)* Mira, nos haces una sopa y nos la traes.

RITA.- ¿Nada más?

DOÑA IRENE.- Dile a Simón de mi parte que hay que echar la carta al correo.

RITA.- Sí, señora.

DOÑA IRENE.- Después sacarás de ahí al tordo y lo colgarás por aquí. *(Rita se va por la puerta del foro.)*

ESCENA IV

Doña Irene, Doña Francisca

DOÑA IRENE.- Pues don Diego se habrá encontrado con alguien... ¡Es tan buen cristiano! ¡Tan bien hablado!... ¡Y qué casa tiene! Como el oro... ¡Y qué despensa[75] tan llena!... Pero tú no escuchas lo que estoy diciendo.

[75] *despensa:* lugar de la casa donde se guardan los alimentos.

DOÑA FRANCISCA.- Sí, señora, pero no quería interrumpirla.

DOÑA IRENE.- Allí tendrás de todo, hija mía, porque como él te quiere tanto... Pero mira, Francisquita, que siempre que te hablo de esto te ha dado por no responderme... ¿Y tú crees que yo no sé las locuras que se te han metido en la cabeza?

DOÑA FRANCISCA.- Pero... ¿qué sabe usted?

[76] *engañar:* hacer creer algo que no es verdad.

DOÑA IRENE.- ¿Quieres engañarme[76], eh? ¡Ay, hija! que yo he vivido mucho y a mí no me engañas.

DOÑA FRANCISCA.- *(Aparte.)* ¡Estoy perdida!

DOÑA IRENE.- Sin decírselo a tu madre... Te aseguro que de todos modos había que sacarte ya del convento. ¡Qué niña! Porque ha vivido un tiempo

V. O. nº 4 en pág. 74

entre monjas se le ocurrió ser monja ella también...
En todos los estados[77] se sirve a Dios, Francisquita,
pero lo primero que debe hacer una hija obediente
es acompañar y dar gusto a su madre.

DOÑA FRANCISCA.- Es verdad, mamá... Pero yo
nunca he pensado en abandonarla a usted. Créame,
Paquita nunca se apartará[78] de su madre ni le dará
preocupaciones.

DOÑA IRENE.- A ver si es verdad lo que dices. Ya
sabes la pena que me darás si no te portas bien...

DOÑA FRANCISCA.- *(Aparte.)* ¡Pobre de mí!

ESCENA V

Don Diego, Doña Irene, Doña Francisca

*(Don Diego entra y deja sobre la mesa el sombrero
y el bastón.)*

DON DIEGO.- ¿Cómo va? *(Se sienta junto a doña
Irene.)*

DOÑA IRENE.- Muy bien.

DON DIEGO.- ¿Y doña Paquita?

DOÑA IRENE.- Doña Paquita siempre acordándose de sus monjas. Ya le digo que sólo debe pensar en obedecer a su madre.

DON DIEGO.- ¿Tanto se acuerda de...?

[79] *admirarse:* extrañarse, maravillarse.

DOÑA IRENE.- ¿De qué se admira[79] usted? Son niñas... No saben lo que quieren...

DON DIEGO.- No. Precisamente en esa edad las pasiones son más fuertes porque la razón es todavía imperfecta. *(Coge de una mano a doña Francisca y la hace sentar a su lado.)* Pero de verdad, doña Paquita, ¿quiere usted volver al convento?...

DOÑA IRENE.- Pero si ella no...

DON DIEGO.- Déjela usted, señora. Ella responderá.

DOÑA FRANCISCA.- Ya sabe usted lo que acabo de decirle... Yo no le daré un disgusto.

DON DIEGO.- Pero lo dice usted tan triste...

DOÑA IRENE.- Es normal, señor. ¿No ve usted que...?

[80] *oponerse:* contradecir, decir lo contrario.

DON DIEGO.- Calle usted, por Dios, doña Irene. La chica tiene miedo y no se atreve a oponerse[80] a su madre. Eso es lo normal.

DOÑA FRANCISCA.- No, señor; yo digo lo que dice mi madre. La obedeceré en todo lo que manda.

[81] *aconsejar:* advertir sobre lo que se debe hacer.
[82] *perdidamente:* con exceso, apasionadamente.
[83] *influir:* dejar huellas o efectos.
[84] *por la fuerza:* por obligación.
[85] *sinceridad:* correspondencia de los actos con los sentimientos.

DON DIEGO.- ¡Mandar! En estos asuntos tan delicados los padres con juicio no mandan, aconsejan[81]. ¿Cuántos matrimonios infelices vemos, sólo porque un padre tonto se puso a mandar lo que no debía?... Mire usted, doña Paquita, yo sé que no estoy para enamorar perdidamente[82] a nadie. Pero creo que una chica como usted podrá llegar a quererme con ese amor tranquilo, tan parecido a la amistad, el único que puede hacer felices los matrimonios. Ya sé, querida Paquita, que habrán influido[83] mucho en usted las santas costumbres que ha visto en el convento. Si a pesar de todo ha elegido a otro, debe usted saber que yo no quiero nada por la fuerza[84]. Le pido a usted sinceridad[85].

DOÑA IRENE.- ¿Puedo hablar ya, señor?

DON DIEGO.- Ella debe hablar.

DOÑA IRENE.- Si yo se lo mando.

DON DIEGO.- Pues ya puede mandárselo. Voy a casarme con ella, no con usted.

DOÑA IRENE.- Yo creo que ni con ella ni conmigo. ¿Qué se piensa usted?... ¡Ella otros amores!... Respóndele, dile los novios que has tenido, para tranquilizarlo...

DON DIEGO.- Señora, yo estoy más tranquilo que usted.

DOÑA IRENE.- Respóndele.

DOÑA FRANCISCA.- No sé qué decir si ustedes se enfadan.

DON DIEGO.- No, hija mía, no nos enfadamos. Doña Irene sabe que yo la estimo[86]. Sólo quiero a doña Paquita contenta.

[86] *estimar:* apreciar, tener afecto o cariño.

DOÑA IRENE.- ¿No va a estarlo? Contesta.

DOÑA FRANCISCA.- Sí, señor, lo estoy.

[87] *arrepentirse:* sentir pena por haber hecho o dejado de hacer algo.

DON DIEGO.- Puedo asegurarle que no se arrepentirá[87] después.

[88] *acariciar:* tocar suavemente con la mano en señal de afecto.

DOÑA IRENE.- Ven aquí, Paquita. *(Doña Francisca se levanta, abraza a su madre y se acarician[88] las dos.)* ¡Ay, tú no sabes lo que te quiere tu madre!

DOÑA FRANCISCA.- ¿Y no la quiero yo a usted?

DON DIEGO.- Vámonos de aquí. *(Se levanta don Diego y después doña Irene.)* Si viene alguno y nos ve llorando como tres niños... *(Se van los dos al cuarto de doña Irene. Doña Francisca va detrás. Rita entra por la puerta del foro y la hace parar.)*

ESCENA VI

Rita, Doña Francisca

RITA.- Señorita... ¡Eh!... chit..., señorita...

DOÑA FRANCISCA.- ¿Qué quieres?

RITA.- Acaba de llegar, ya sube por la escalera. Voy a cuidar de esa gente... Valor, señorita. *(Rita entra en el cuarto de doña Irene.)*

ESCENA VII

Don Carlos, Doña Francisca

(Entra don Carlos por la puerta del foro.)

DON CARLOS.- ¡Paquita!... ¡Vida mía! Ya estoy aquí...

DOÑA FRANCISCA.- Bien venido.

[89] *merecer:* ser digno de.

DON CARLOS.- ¿Cómo tan triste?... ¿No merece[89] más alegría mi llegada?

DOÑA FRANCISCA.- Es verdad; pero me han pasado cosas que... Ya sabe usted... Después de escribirle aquella carta, fueron por mí... Mañana, a Madrid... ¿Qué piensa usted hacer?

DON CARLOS.- Si me dejo llevar por la pasión, una locura... Él también será hombre de honor y no debo insultarle[90]. Vamos, ahora no se puede hacer nada...

DOÑA FRANCISCA.- Mi madre se empeña en casarme con él. Quiere celebrar la boda al llegar a Madrid.

DON CARLOS.- No. Eso, no. No puede ser.

DOÑA FRANCISCA.- No me habla de otra cosa, me ha llenado de miedo... Y él me ofrece tantas cosas...

DON CARLOS.- Y usted, ¿ha prometido[91] quererle mucho?

DOÑA FRANCISCA.- ¡Ingrato[92]! ¿No sabe usted que...?

DON CARLOS.- Lo sé, Paquita... Yo he sido el primer amor. Y moriré antes que abandonar su corazón... *(La coge de las manos.)* Vengo a defenderla[93], a cumplir[94] lo prometido... Si ustedes van a Madrid mañana, yo voy también. Su madre sabrá quién soy... Allí puedo contar con[95] un anciano, al que debo llamar amigo y padre más que tío. Es muy rico y si la riqueza tiene algún atractivo para usted, eso añadirá[96] felicidad a nuestra unión.

[90] *insultar:* ofender, hacer daño a alguien con las palabras.

[91] *prometer:* dar palabra; obligarse a hacer algo.

[92] *ingrato:* desagradecido, que no corresponde al favor recibido.

[93] *defender:* proteger, ofrecer ayuda.
[94] *cumplir:* aquí, realizar.
[95] *contar con:* tener la ayuda de.
[96] *añadir:* sumar.

V. O. nº 5 en pág. 74

DOÑA FRANCISCA.- Querer y ser querida... No deseo mayor riqueza.

DON CARLOS.- Ni hay otra...

DOÑA FRANCISCA.- ¿Y qué se va a hacer para no dar un disgusto a mi pobre madre?... ¡Me quiere tanto!... Le he dicho que siempre seré obediente... No sé, no sé cómo saldrá usted de esto.

DON CARLOS.- ¿No tiene usted confianza en mí?

DOÑA FRANCISCA.- ¿Piensa usted que iba yo a estar viva sin esa esperanza? Pero usted me ha dado la prueba de su amor. *(Llora.)*

DON CARLOS.- Sí, Paquita. No hay nada que temer.

ESCENA VIII

Rita, Doña Francisca, Don Carlos

RITA.- Adentro, señorita. La mamá pregunta por usted. Voy a traer la cena y se van a acostar enseguida.

[97] *competidor:* el que trata de obtener lo mismo que otro.

DON CARLOS.- Hasta mañana. Veremos a este competidor[97] con la luz del día. *(Rita se va.)*

DOÑA FRANCISCA.- Hasta mañana. Descanse usted.

DON CARLOS.- ¿Descansar con celos? Buenas noches... Duerma usted bien, Paquita.

DOÑA FRANCISCA.- ¿Dormir con amor? *(Entra al cuarto de doña Irene.)*

ESCENA IX

Don Carlos, Calamocha, Rita

DON CARLOS.- *(Paseándose preocupado.)* No..., nadie me la quitará. Ni su madre será tan imprudente de empeñarse en celebrar este matrimonio, si a su hija no le gusta...; estando yo aquí...

CALAMOCHA.- Señor... *(Entra por la puerta del foro.)* Si tenemos que cenar y dormir, podemos...

DON CARLOS.- Vamos...

RITA.- ¿Quién quiere sopa? *(Entra con platos, tazas, cucharas y servilletas.)*

[98] *buen provecho:* expresión de deseo que se dice a la persona que está comiendo.

DON CARLOS.- Buen provecho[98]. *(Rita entra al cuarto de doña Irene.)* ¿Vamos?

CALAMOCHA.- ¡Ay, ay, ay!... *(Va hacia la puerta del foro y vuelve; habla en voz baja con don Carlos.)* ¡Eh! Chit, ¿no ve usted quién viene por allí?

DON CARLOS.- ¿Es Simón? ¿Y qué haremos? ¿Para qué habrá venido? *(Calamocha va a saludar a Simón.)*

Escena X

Simón, Don Carlos, Calamocha

(Simón entra por la puerta del foro.)

CALAMOCHA.- Simón, ¿tú por aquí?

SIMÓN.- Adiós, Calamocha. ¿Cómo va? ¡Cuánto me alegro de...!

DON CARLOS.- ¡Hombre! ¿Tú en Alcalá?

SIMÓN.- ¡Oh, estaba usted ahí, señorito!...

DON CARLOS.- ¿Y mi tío? ¿Se ha quedado en Madrid , o...?

SIMÓN.- ¿Quién me iba a decir a mí...? ¿Así que irá usted a ver al tío? ¿Y usted viene ahora de Zaragoza? ¿O va usted allá?

CALAMOCHA.- Pero, hombre, si salimos el verano pasado de Madrid, ¿no debíamos de haber andado ya mucho?

SIMÓN.- ¡Yo qué sé!... Debe de ser un camino muy malo.

DON CARLOS.- Pero no me has dicho aún si mi tío está en Madrid o en Alcalá, ni a qué has venido, ni...

SIMÓN.- A eso voy... Pues el amo me dijo...

Escena XI

Don Diego, Don Carlos, Simón, Calamocha

DON DIEGO.- *(Desde adentro.)* No, no hace falta, hay luz aquí. Buenas noches, Rita.

DON CARLOS.- *(Se aparta a un extremo del teatro.)* ¡Mi tío!

DON DIEGO.- ¡Simón! *(Sale del cuarto de doña Irene y va hacia el suyo; ve a don Carlos y se acerca a él. Simón le alumbra[99] y vuelve a dejar la luz sobre la mesa.)*

[99] *alumbrar:* iluminar, dar luz.

DON CARLOS.- *(Aparte)* ¡Todo se ha perdido!

DON DIEGO.- Pero..., ¿quién es? Acerca esa luz.

DON CARLOS.- ¡Tío! *(Va a besar la mano a don Diego. Éste le aparta enfadado.)*

DON DIEGO.- No sé cómo no le... ¿Qué haces aquí?

[100] *desgracia:* mala suerte.   DON CARLOS.- Mi desgracia[100] me ha traído.

DON DIEGO.- ¡Siempre dándome disgustos! Pero... *(Se acerca a don Carlos.)* ¿Qué dices? ¿De verdad ha [101] *ocurrir:* suceder, tener lu-   ocurrido[101] alguna desgracia?... ¿Qué te pasa? ¿Por gar.   qué has venido de Zaragoza?... ¿Por qué te asusta verme?... Alguna locura has hecho, sí, que le costará la vida a tu pobre tío.

DON CARLOS.- No, señor.

DON DIEGO.- Pues ¿a qué viniste? ¿Algún disgusto con tus jefes?... Ven acá. *(Le coge de la mano y se aparta con él a un extremo del teatro, hablando en voz baja.)* Dime qué ha sido.

DON CARLOS.- Una desobediencia... Venir a Madrid sin pedirle permiso... Estoy muy arrepentido por el disgusto que le he dado. Yo esperaba verle en Madrid, estar con usted algunas semanas y volverme contento de haberle visto.

DON DIEGO.- ¿Nada más?

DON CARLOS.- No, señor... Nada más.

DON DIEGO.- ¿Y quién va a permitir a un oficial irse cuando él quiere? Eso no puede ser.

DON CARLOS.- Estamos en tiempo de paz, tío. Y además puede usted creer que este viaje tiene el permiso de mis superiores.

DON DIEGO.- Un oficial siempre hace falta a sus soldados.

DON CARLOS.- Muy bien; pero ya le he dicho los motivos[102]...

[102] *motivo:* causa, razón.

DON DIEGO.- Esos motivos no valen nada... *(Sube la voz y se pasea nervioso.)* Pero estas locuras no se repetirán otra vez... Lo que usted va a hacer ahora es marcharse en seguida.

CALAMOCHA.- Es que los caballos no pueden ni moverse.

DON DIEGO.- *(A Calamocha.)* Pues a la posada de afuera. *(A don Carlos.)* Usted no va a dormir aquí... *(A Calamocha.)* Vamos, muévete. *(A Simón.)* Ayúdale tú. *(Los dos criados entran en el cuarto de don Carlos.)*

ESCENA XII

Don Diego, Don Carlos

DON DIEGO.- Tome usted. *(Le da unas monedas.)* Con esto hay bastante para el camino. Vamos, cuando yo lo ordeno así, ya sé lo que hago... Ya sabes que siempre te he querido. Y si haces lo que debes, seré tu amigo como he sido hasta hoy. Ahora obedece lo que te mando.

DON CARLOS.- Lo haré sin falta. *(Los criados salen con las cosas del cuarto de don Carlos y se van por la puerta del foro.)*

DON DIEGO.- Y no volverás aquí con ninguna excusa. Y a las tres o las cuatro, marchad. Yo sabré a qué hora sales. ¿Entendido?

DON CARLOS.- Sí, señor. Haré lo que usted manda.

DON DIEGO.- Muy bien. Adiós... Todo te lo perdono... Y sabré también cuándo llegas a Zaragoza. No creerás que no sé lo que hiciste la última vez.

DON CARLOS.- ¿Qué hice yo?

DON DIEGO.- Te digo que lo sé y que te lo perdono. ¿Qué más quieres? Vete. Y dame un abrazo. *(Se abrazan.)* Adiós, Carlos.

DON CARLOS.- *(Aparte, al irse.)* ¡Y la dejo! ¡La pierdo para siempre!

Escena XIII

Don Diego

DON DIEGO.- Ha salido todo demasiado bien... Luego lo sabrá... No es lo mismo escribírselo que... Después de hecho, no importa... ¡Pero siempre esa obediencia a su tío! *(Se seca las lágrimas, coge una luz y se va a su cuarto. La escena queda a oscuras por unos momentos.)*

Escena XIV

Doña Francisca, Rita

(Salen del cuarto de doña Irene. Rita saca una luz y la pone encima de la mesa.)

RITA.- Mucho silencio hay por aquí.

DOÑA FRANCISCA.- Se habrán acostado ya... Estarán cansados. ¡Un camino tan largo!

[103] **milagro:** aquí, suceso extraordinario de carácter sobrenatural.

[104] **chasco:** contrariedad que produce un hecho inesperado.

RITA.- ¡Lo que hace el amor, señorita! Y no será éste el último milagro[103]. Pobre don Diego, ¡qué chasco[104] se va a llevar! Da pena, es tan bueno... ¡Ay! Ahora que me acuerdo... *(Va hacia el cuarto de doña Irene.)* El tordo, se me olvidaba sacarlo de allí. Mire usted el ruido de caballos que hay allí abajo...

ESCENA XV

Doña Francisca, Simón

(Simón entra.)

DOÑA FRANCISCA.- Pensé que estaban ustedes acostados. ¿Qué gente nueva ha llegado ahora?

SIMÓN.- Nadie. Son un oficial y un criado suyo. Se van a Zaragoza. Llegaron esta tarde y... habrán pagado ya la cuenta... Buenas noches, señorita. *(Se va al cuarto de don Diego.)*

ESCENA XVI

Doña Francisca, Rita

[105] **sostenerse:** mantenerse de pie.

DOÑA FRANCISCA.- ¡Dios mío! No puedo sostenerme[105]. *(Se sienta en una silla junto a la mesa.)*

RITA.- Señorita, yo vengo muerta. *(Saca la jaula del tordo y la deja encima de la mesa. Abre la puerta del cuarto de don Carlos y vuelve.)* Todavía no creo lo que he visto... Aquí no hay nadie...

DOÑA FRANCISCA.- ¡Indigno!

[106] *novedad:* aquí, cambio de planes inesperado.

RITA.- No entiendo los motivos para esta novedad[106].

DOÑA FRANCISCA.- ¿No le quise más que a mi vida?...

RITA.- No sé qué decir.

DOÑA FRANCISCA.- ¿Qué vas a decir? Que no me ha querido nunca... ¿Y vino para esto? ¡Para engañarme! ¡Para dejarme así! *(Se levanta y Rita la sostiene.)*

RITA.- Vámonos de aquí, puede venir alguien...

DOÑA FRANCISCA.- Sí, vamos a llorar... ¿Merecí ser engañada así? *(Rita coge la luz y se van las dos al cuarto de doña Francisca.)*

ACTO TERCERO

ESCENA I

Don Diego, Simón

(El teatro está oscuro. Sobre la mesa hay una vela apagada y la jaula del tordo. Simón duerme acostado en el banco.)

[107] *derretirse:* deshacerse un cuerpo por el calor.
[108] *roncar:* hacer ruido al respirar mientras se duerme.

DON DIEGO.- *(Sale de su cuarto.)* Aquí, por lo menos, si no duermo no me derretiré[107]... ¡Cómo ronca[108] éste!... *(Simón despierta y se levanta.)*

SIMÓN.- ¿Qué hora será ya?

DON DIEGO.- Hace poco dieron las tres.

SIMÓN.- Pues nuestros caballeros ya habrán salido. Pero, ¡no sabe usted qué triste le dejé! No le castigará[109] usted ¿eh?

[109] *castigar:* poner un castigo o pena.

DON DIEGO.- ¡No, qué va! Le he hecho volver porque ya ves en qué situación estábamos... Te aseguro que cuando se fue me quedó una pena en el corazón. *(Se oyen a lo lejos tres palmadas; poco después se oye tocar un instrumento.)* ¿Qué se ha oído?

[110] *amante:* aquí, enamorado.
[111] *asomarse:* sacar parte del cuerpo fuera de una ventana, balcón, etc.

SIMÓN.- Vaya, parece que tenemos música. ¿Quién será el amante[110] que viene a tocar a estas horas? ¿Nos asomamos[111] un poco a ver...?

DON DIEGO.- No, los dejaremos... ¡Pobre gente! No me gusta molestar a nadie. *(Salen de su cuarto doña Francisca y Rita. Van hacia la ventana.)*

[112] *oler a:* aquí, tener el aspecto de.

SIMÓN.- ¡Señor!... Aquí, a un lado. Han abierto la puerta de esa habitación y huele a[112] faldas.

DON DIEGO.- ¿Sí?... Vámonos. *(Don Diego y Simón se apartan a un lado y observan.)*

ESCENA II

Doña Francisca, Rita, Don Diego, Simón

RITA.- Con cuidado, señorita. *(Vuelven a tocar el instrumento.)* Vuelven a tocar... Silencio...

DOÑA FRANCISCA.- Espera... Primero hay que saber si es él. Calla... Sí, es él... Vete, responde... *(Rita se acerca a la ventana, la abre y da tres palmadas. Deja de oírse la música.)*

SIMÓN.- ¿Ha oído usted?

DON DIEGO.- Sí, calla.

DOÑA FRANCISCA.- *(Se asoma a la ventana. Rita se queda detrás de ella.)* Soy yo... ¿Y qué iba a pensar al ver lo que usted acaba de hacer?... *(Se aparta de la ventana.)* Rita, ten cuidado. Si oyes algún ruido, avísame en seguida... *(Vuelve a asomarse.)* Está bien, tírela usted... *(Tiran una carta por la ventana al teatro. Doña Francisca la busca. No la encuentra y vuelve a asomarse.)* No, no la he cogido, pero aquí está. ¿Y no voy a saber los motivos que tiene usted para dejarme así? Yo quiero saberlo... Su Paquita se lo manda...

₁₁₃ *adelantarse:* moverse hacia adelante.
₁₁₄ *tropezar:* chocar, encontrar un obstáculo en el camino.

(Simón se adelanta[113] un poco, tropieza[114] con la jaula y la deja caer.)

RITA.- Señorita, vámonos de aquí... Rápido... hay gente.

DOÑA FRANCISCA.- ¡Pobre de mí!...

RITA.- Vamos. *(Al marcharse tropieza con Simón. Se van las dos al cuarto de doña Francisca.)* ¡Ay!

ESCENA III

Don Diego, Simón

DON DIEGO.- Acércate a la ventana y busca en el suelo un papel...

SIMÓN.- *(Busca por el suelo cerca de la ventana.)* No encuentro nada, señor.

DON DIEGO.- ¿Quién será este amante? ¡Dieciséis años y criada en un convento! Se acabó toda mi ilusión.

SIMÓN.- Aquí está. *(Encuentra la carta y se la da a don Diego.)*

DON DIEGO.- Vete a buscar una luz. *(Simón se va.)*

Escena IV

Doñ Diego

[115] *culpar:* echar o cargar la culpa.

[116] *respaldo:* parte de un asiento donde se apoya la espalda.

DON DIEGO.- ¿A quién debo culpar[115]? *(Se apoya en el respaldo[116] de una silla.)* ¿A ella, a su madre, a sus tías, o a mí?... ¡Tenía tantas esperanzas!... *(Se oye ruido en la puerta del cuarto de doña Francisca.)* Parece que otra vez... *(Se aparta a un extremo del teatro.)*

Escena V

Don Diego, Rita, Simón

RITA.- Ya se han ido... *(Mira, escucha, después se asoma y busca la carta por el suelo.)* ¡Vaya por Dios!

[117] *sin remedio:* sin solución.
[118] *buena la hemos hecho:* estamos perdidos.
[119] *sorprender:* aquí, descubrir, encontrar a alguien haciendo algo.

Don Félix es un grandísimo pícaro. ¡Pobrecita! Se muere sin remedio[117]... ¿Y este papel?... Buena la hemos hecho[118] si no aparece... *(Entra Simón con una luz y sorprende[119] a Rita.)* ¡Estoy perdida!

DON DIEGO.- *(Se acerca.)* ¡Rita! ¿Tú aquí? ¿Qué buscas a estas horas?

RITA.- Sí, señor, porque... Porque oímos un ruido tan grande... Y mire usted *(Levanta la jaula del suelo)*: era la jaula del tordo... ¡Vaya por Dios! ¿Se habrá muerto?... No, está vivo, vaya... Habrá sido algún gato. ¡Pobre animal! *(Cuelga la jaula en la pared.)*

DON DIEGO.- Tráeme esa luz.

RITA.- Deje usted, encenderemos ésta. *(Enciende la vela que está sobre la mesa.)*

DON DIEGO.- Y doña Paquita, ¿duerme?

RITA.- Sí, señor.

SIMÓN.- Pues con el ruido del tordo...

DON DIEGO.- Vamos. *(Entra en su cuarto. Simón va con él y se lleva una de las luces.)*

ESCENA VI

Doña Francisca, Rita

DOÑA FRANCISCA.- *(Sale de su cuarto.)* ¿Ha aparecido el papel?

RITA.- No, señora. *(Coge la luz y vuelve a buscar la carta cerca de la ventana.)*

DOÑA FRANCISCA.- Eran ellos, seguro... Estarían aquí cuando yo hablé desde la ventana... Y el papel lo tendrán ellos... Es lo único que me faltaba... *(Se sienta.)*

RITA.- Sin haberse explicado, ni...

DOÑA FRANCISCA.- Cuando iba a hacerlo me avisaste y tuvimos que marcharnos... Pero ¿tú sabes qué miedo y qué preocupación tenía? Me dijo que en esa carta explicaba los motivos que le hacían marchar. Todo mentiras, Rita. Vino, encontró un competidor y pensó: ¿Para qué voy a defender ahora a una mujer?... ¡Hay tantas!... Yo no pierdo nada...

RITA.- ¡Ay, señorita! *(Mira hacia el cuarto de don Diego.)* Parece que salen ya. Si don Diego la ve a usted así...

DOÑA FRANCISCA.- Todo se ha perdido ya. ¿Qué puedo temer? Nada me importa.

ESCENA VII

Don Diego, Simón, Doña Francisca, Rita

[120] *alcanzar:* aquí, llegar a juntarse con una persona que va delante.

DON DIEGO.- *(A Simón.)* Mira, vas allá, y si han salido, los alcanzas[120] a caballo... Vete, no pierdas tiempo. *(Hablan los dos junto al cuarto de Don Diego.)*

SIMÓN.- Voy allá. *(Simón se va.)*

[121] *madrugar:* levantarse muy temprano.

DON DIEGO.- Ha madrugado[121] mucho, doña Paquita.

DOÑA FRANCISCA.- Sí, señor.

DON DIEGO.- ¿Ha llamado ya doña Irene?

DOÑA FRANCISCA.- No, señor... *(A Rita.)* Vete allá, por si ha despertado y se quiere vestir. *(Rita se va a la habitación de doña Irene.)*

ESCENA VIII

Don Diego, Doña Francisca

DON DIEGO.- ¿No habrá dormido usted bien esta noche?

DOÑA FRANCISCA.- No, señor. ¿Y usted?

[122] *sentir:* tener emociones o sensaciones.

DON DIEGO.- Tampoco. ¿Está usted disgustada? ¿Qué siente[122] usted? *(Se sienta junto a doña Francisca.)*

DOÑA FRANCISCA.- No es nada... Un poco de... Nada, no tengo nada.

DON DIEGO.- Algo será. La veo a usted muy llorosa, preocupada. ¿Por qué no tiene usted más confianza en mí? Si sabe que tiene usted un amigo, ¿por qué no desahoga[123] con él su corazón?

[123] *desahogarse:* contar a otro las penas.

DOÑA FRANCISCA.- Porque eso mismo me obliga a callar.

DON DIEGO.- Tal vez soy yo la causa de su pena.

DOÑA FRANCISCA.- No, señor, usted no me ha hecho nada. No es de usted de quien me debo quejar.

DON DIEGO.- Pues, ¿de quién?... *(Se acerca más a ella.)* Vamos a hablar por una vez sin rodeos. ¿No es verdad que no ve usted bien esta boda? ¿No conocerá usted a otro mejor que yo?

DOÑA FRANCISCA.- No, señor; no, señor.

DON DIEGO.- ¿Y debo creer que prefiere usted el convento a una vida más...?

DOÑA FRANCISCA.- Tampoco, señor... Nunca he pensado así...

DON DIEGO.- Pues si usted no quiere el estado religioso, no tiene queja de mí y no piensa casarse con otro... ¿De dónde nace esa tristeza? ¿Ésta es la señal de quererme sólo a mí y de casarse encantada conmigo dentro de pocos días? *(Se ilumina lentamente la escena, indicando que se hace de día.)*

DOÑA FRANCISCA.- ¿Y qué motivos le he dado a usted para desconfiar?

[124] *apresurar:* dar más velocidad.

DON DIEGO.- ¿Y qué? Si yo apresuro[124] los preparativos de nuestra unión y llega el momento de...

DOÑA FRANCISCA.- Haré lo que mi madre manda y me casaré con usted.

DON DIEGO.- ¿Y después, Paquita? Si voy a ser su compañero y amigo hasta la muerte, ¿no tengo derecho a una mayor confianza? ¿A saber la causa de su dolor? Todo para intentar hacerla feliz.

DOÑA FRANCISCA.- ¡Felicidad para mí!... Ya se acabó.

DON DIEGO.- ¿Por qué?

DOÑA FRANCISCA.- Nunca diré por qué.

DON DIEGO.- ¡Qué imprudente silencio!... Cuando usted misma debe imaginar que sé lo que hay.

DOÑA FRANCISCA.- Si no lo sabe, señor don Diego, no debe hacer creer que lo sabe. Y si lo sabe usted, no debe preguntármelo.

DON DIEGO.- Está bien. Si no hay nada que decir, hoy llegaremos a Madrid y dentro de ocho días será usted mi mujer.

DOÑA FRANCISCA.- Y daré gusto a mi madre.

DON DIEGO.- Y vivirá usted infeliz.

DOÑA FRANCISCA.- Ya lo sé.

DON DIEGO.- A esto se le llama educar bien a una niña: enseñarle a disimular las pasiones más inocentes. Todo se les permite, menos la sinceridad. Y se llama buena educación a llenarlas de miedo, astucia[125] y silencio.

DOÑA FRANCISCA.- Todo eso es verdad... Pero el motivo de mi pena es mucho más grande.

DON DIEGO.- Lo será, hija mía, pero debe usted animarse[126]... Si su madre la ve así ¿qué va a decir? Parece que se ha levantado. Vamos, nuestras desgracias no siempre son tan grandes como creemos... ¡Mire usted qué lágrimas!

[125] *astucia:* habilidad para disimular.

[126] *animarse:* llenarse de ánimo o energía moral.

V. O. nº 7 en pág. 75

DOÑA FRANCISCA.- Y usted, señor, ya sabe el genio[127] de mi madre. Si usted no me defiende, ¿quién lo hará?

[127] *genio:* aquí, mal humor, mal carácter.

DON DIEGO.- ¿Cómo voy a dejarla en una situación tan dolorosa[128]? *(La coge de las manos. Doña Francisca quiere arrodillarse[129] y don Diego no la deja. Se levantan los dos.)*

[128] *doloroso:* que produce dolor o pena.
[129] *arrodillarse:* ponerse de rodillas.

DOÑA FRANCISCA.- ¡Qué poco merece esa bondad una mujer tan ingrata con usted!... No, ingrata, no; infeliz... ¡Ay, qué infeliz soy, señor don Diego!

DON DIEGO.- Ya sé que usted agradece el amor que le tengo... Todo ha sido..., ¿qué sé yo?..., una equivocación mía. Usted no ha tenido la culpa. *(Doña Francisca va hacia el cuarto de doña Irene. Vuelve, se despide de don Diego y le besa las manos.)* Pronto iré con ustedes.

Escena IX

Don Diego, Simón

SIMÓN.- Ahí están, señor. Cuando yo salía, ellos iban ya de camino. Les grité y se pararon. Le dije al señorito lo que usted mandaba y ha vuelto; está abajo.

DON DIEGO.- ¿Y qué dijo?

SIMÓN.- Ni una sola palabra... Viene muerto... Me ha dado pena verle así...

DON DIEGO.- ¡Pena!... Es un pícaro. Dile que puede subir.

SIMÓN.- Está bien, señor. *(Se va por la puerta del foro. Don Diego se sienta, preocupado y enfadado.)*

Escena X

Don Carlos, Don Diego

DON DIEGO.- Venga usted acá, señorito. ¿En dónde has estado?

DON CARLOS.- En la posada de afuera.

DON DIEGO.- ¿No has salido de allí en toda la noche, eh?

DON CARLOS.- Sí, señor, entré en la ciudad y...

DON DIEGO.- ¿Para qué?... Siéntese usted.

DON CARLOS.- Tenía que hablar con una persona... *(Se sienta.)*

DON DIEGO.- Ya. Pero venir a las tres de la mañana... ¿Por qué no le escribiste un papel?... Mira... Si le enviabas antes este papel, no tenías que molestar a nadie. *(Le da el papel que tiraron a la ventana. Don Carlos lo ve y se levanta para irse.)*

DON CARLOS.- Si lo sabe usted todo, ¿para qué me llama?

DON DIEGO.- Su tío quiere saber lo que pasa.

DON CARLOS.- Está bien.

DON DIEGO.- Siéntate ahí... *(Don Carlos se sienta.)* ¿Cómo has conocido a esta niña?

DON CARLOS.- Al volver a Zaragoza el año pasado, llegué a Guadalajara. El intendente nos recibió en su casa de campo y se empeñó en invitarme ese día al cumpleaños de su esposa. Entre los invitados estaba doña Paquita. Vi algo en ella que despertó en mí el deseo de mirarla, de estar a su lado, de hablar con ella... El intendente dijo que yo estaba muy enamorado y se le ocurrió decir que me llamaba don Félix de Toledo. Pensé quedarme algún tiempo en esa ciudad, sin decírselo a usted... Por la noche nos separamos y yo quedé lleno de esperanzas, al verme preferido a todos. Supe que era hija de una señora de Madrid, viuda y pobre, pero muy honrada... Confié a mi amigo mis planes y él me ayudó. Su casa está cer-

ca de la ciudad y yo iba y venía de noche al convento... Daba tres palmadas y me contestaban con otras
tres desde una ventana. Siempre fui para ella don
Félix de Toledo... Nunca le hablé de mi familia ni de
mi riqueza, por no cambiar su amor por interés. Tres
meses después nos separamos. Escribió varias cartas
y en una, que recibí hace pocos días, me dijo que su
madre quería casarla; me recordaba mis promesas y
me invitaba a cumplirlas... Llegué a Guadalajara, no
la encontré y vine aquí... Lo demás ya lo sabe usted.

DON DIEGO.- ¿Y qué planes tenías al venir aquí?

DON CARLOS.- Consolarla, prometerle de nuevo
mi amor, ir a Madrid a verle a usted, contarle todo
y pedirle sólo su permiso para celebrar una unión
tan deseada.

DON DIEGO.- Pues ya ves, Carlos. Si tú la quieres,
yo la quiero también. Y no hace ni media hora ella
misma me ha dicho que obedecerá a su madre y se
casará conmigo.

DON CARLOS.- *(Se levanta.)* Usted se llamará su
marido; pero si alguna vez ve sus ojos llenos de lágrimas, no debe preguntarle usted el motivo... Yo seré la causa.

DON DIEGO.- ¿Cómo te atreves? *(Se levanta muy
enfadado y va hacia don Carlos. Éste se aparta.)*

DON CARLOS.- Era imposible hablar sin disgustarle... Pero acabemos esta conversación... Viva usted feliz... La prueba mayor de obediencia que puedo darle es salir de aquí enseguida... Pero por lo menos quiero tener el consuelo de saber que usted me perdona.

DON DIEGO.- ¿Te vas de verdad?

DON CARLOS.- Enseguida, señor... No debo volver a verla en mi vida... Si es verdad que habrá pronto una guerra...

DON DIEGO.- ¿Qué quieres decir? *(Coge a don Carlos de un brazo y le hace venir más adelante.)* ¡Carlos!... ¡Qué horror!...

DON CARLOS.- Alguien viene... *(Mira preocupado hacia el cuarto de doña Irene; se aparta de don Diego y va hacia la puerta del foro.)* Será ella... Adiós.

DON DIEGO.- *(Va detrás de él y quiere detenerle.)* ¿Adónde vas?... No, señor; no vas a irte. Entra en ese cuarto.

DON CARLOS.- Pero si...

DON DIEGO.- Haz lo que te mando. *(Don Carlos entra en el cuarto de don Diego.)*

ESCENA XI

Doña Irene, Don Diego

DOÑA IRENE.- Señor don Diego, buenos días... *(Apaga la luz que está sobre la mesa.)* Si quiere usted, ya se puede preparar el chocolate... Pero, ¿qué tiene usted?... ¿Hay alguna novedad?

DON DIEGO.- *(Se pasea preocupado.)* Sí, hay novedades.

DOÑA IRENE.- ¿Qué?... No sabe usted qué asustada estoy...

DON DIEGO.- Siéntese usted... *(Se sientan los dos.)* Y no debe asustarse por nada de lo que voy a decir... Su hija está enamorada.

DOÑA IRENE.- ¿No lo he dicho ya mil veces? Claro que lo está...

130 *vicio:* mala costumbre.

DON DIEGO.- ¡Este vicio[130] de interrumpir! Déjeme usted hablar. Está enamorada, pero no de mí.

DOÑA IRENE.- Pero ¿quién le ha contado a usted eso?

DON DIEGO.- Nadie. Yo lo he visto, y estoy seguro de que es verdad... Vaya, ¿qué lágrimas son esas?

DOÑA IRENE.- *(Llora.)* ¡Pobre de mí! ¡Todos me desprecian[131] porque soy una pobre viuda! A mis años, verme tratada de esta manera... ¿Quién lo iba a creer de usted?...

DON DIEGO.- Señora, ¿no va usted a escuchar lo que le voy a decir?

DOÑA IRENE.- No, señor; ya lo sé, que no soy tonta... Usted ya no quiere a la niña y no quiere cumplir con la obligación que tiene.

DON DIEGO.- Señora, quiere usted hacer el favor de oírme y no decir tonterías. Después podrá llorar, gritar y hablar...

DOÑA IRENE.- Diga usted. *(Se seca las lágrimas con un pañuelo.)*

DON DIEGO.- Pues doña Paquita tiene otro amante desde hace ya un año, más o menos. Se han hablado, se han escrito y se han prometido amor...

DOÑA IRENE.- Pero ¿no ve usted, señor, que eso lo habrá inventado alguien que no nos quiere bien?

DON DIEGO.- No, señora, le repito que lo sé. Su hija es una niña muy honrada, pero las madres, usted, y yo el primero, nos hemos equivocado. La chica se quiere casar con otro, no conmigo... Usted ha contado muy poco con la opinión de su hija... Si lee usted ese papel, verá que tengo razón. *(Saca el papel de don Carlos y se lo da. Ella, sin leerlo, se levanta muy nerviosa, se acerca a la puerta de su cuarto y llama. Don Diego se levanta e intenta detenerla inútilmente.)*

DOÑA IRENE.- Voy a volverme loca... ¡Francisca! ¡Rita! La pobrecita sabrá quién es usted...

[132] *echar a rodar:* echar a perder, estropear.

DON DIEGO.- Lo echó todo a rodar[132]...

Escena XII

Doña Francisca, Rita, Doña Irene, Don Diego

DOÑA FRANCISCA.- ¿Me llamaba usted?

DOÑA IRENE.- Sí, hija, sí; porque el señor don Diego nos trata de una manera que... ¿Qué amores tienes, niña?... ¿Quién ha escrito este papel? *(Enseña el papel abierto a doña Francisca.)*

RITA.- *(Aparte a doña Francisca.)* Es su letra.

DOÑA FRANCISCA.- Señor don Diego, ¿así cumple usted su palabra?

DON DIEGO.- No tengo la culpa... Venga usted aquí. *(Coge de una mano a doña Francisca y la pone a su lado.)* No hay que temer... Y usted, señora, debe escuchar y callar. Deme ese papel. *(Le quita el papel y lee.)* «Bien mío: si no puedo hablar con usted, le mandaré esta carta. Cuando me separé de usted, encontré en la posada al que yo llamaba mi enemigo. Me mandó salir en seguida de la ciudad y tuve que obedecerle. Yo me llamo don Carlos, no don Félix. Don Diego es mi tío. Viva usted feliz y olvide a su infeliz amigo, Carlos de Urbina.»

DOÑA IRENE.- ¿Así que es verdad lo que decía el señor? Te vas acordar de mí. *(Va hacia doña Francisca muy enfadada. Quiere pegarle. Rita y don Diego no la dejan.)*

DOÑA FRANCISCA.- Madre... Perdón...

DOÑA IRENE.- No, señor; que la voy a matar.

Escena XIII

*Don Carlos, Don Diego, Doña Irene,
Doña Francisca, Rita*

133 *precipitadamente:* rápidamente y de cualquier manera.

(Don Carlos sale del cuarto precipitadamente[133]; coge de un brazo a doña Francisca, se la lleva hacia el fondo y se pone delante para defenderla. Doña Irene se asusta y se aparta.)

DON CARLOS.- Eso no... Delante de mí nadie va a ofenderla. *(A don Diego.)* No he podido contenerme.

DOÑA FRANCISCA.- ¡Carlos!

DOÑA IRENE.- ¿Quién es usted?... ¡Qué escándalo!

DON DIEGO.- Ése es el amante de su hija... Separarlos y matarlos es lo mismo... Carlos... Abraza a tu mujer. *(Don Carlos y doña Francisca se abrazan; después se arrodillan a los pies de don Diego.)*

DOÑA IRENE.- ¿Su sobrino?

DON DIEGO.- Sí, señora, mi sobrino. Y me ha dado la noche más terrible de mi vida... *(Los hace levantar.)* Pude separarlos para siempre, pero no lo puedo permitir... ¡Qué esfuerzo tan doloroso acabo de hacer!...

DON CARLOS.- *(Le besa las manos.)* Si nuestro amor y agradecimiento pueden consolarle a usted...

DON DIEGO.- Él y su hija estaban locos de amor, mientras que usted y las tías me llenaban la cabeza de ilusiones que han desaparecido como un sueño... Esto viene del abuso[134] de autoridad, éstas son las seguridades que dan los padres y tutores y esto es lo

134 *abuso:* uso excesivo o injusto de una cosa.

V. O. nº 9 en pág. 76

[135] *fiar(se):* aquí, confiar, creer.

que debemos fiarnos[135] del sí de las niñas... Por casualidad he sabido a tiempo mi error...

DOÑA IRENE.- Venga usted acá, señor, quiero abrazarle. *(Abraza a don Carlos. Doña Francisca se arrodilla y besa la mano a su madre.)* Hija, Francisquita. Vaya, has elegido bien...

RITA.- Señorita, un millón de besos. *(Se besan doña Francisca y Rita.)*

DON DIEGO.- *(Abraza a doña Paquita.)* Paquita, ya no temo la soledad terrible de mi vejez... *(Coge de las manos a doña Francisca y a don Carlos.)* Y el primer fruto de vuestro amor será para mí. Podré decir: si sus padres viven felices, yo he sido la causa.

SIMÓN.- Si está usted bien seguro de que ella le quiere, si no la asusta la diferencia de la edad, si su elección es libre...

DON DIEGO.- Pues ¿no ha de serlo?... [...] ¿Y qué sacarían con engañarme? Ya ves tú la religiosa de Guadalajara si es mujer de juicio; ésta de Alcalá, aunque no la conozco, sé que es una señora de excelentes prendas; mira tú si doña Irene querrá el bien de su hija; pues todas ellas me han dado cuantas seguridades puedo apetecer. La criada, que la ha servido en Madrid y más de cuatro años en el convento, se hace lenguas de ella; y, sobre todo, me ha informado de que jamás observó en esta criatura la más remota inclinación a ninguno de los pocos hombres que ha podido ver en aquel encierro. Bordar, coser, leer libros devotos, oír misa y correr por la huerta detrás de las mariposas, y echar agua en los agujeros de las hormigas, éstas han sido su ocupación y sus diversiones... ¿Qué dices?

SIMÓN.- Yo nada, señor.

DON DIEGO.- Y no pienses tú que, a pesar de tantas seguridades, no aprovecho las ocasiones que se presentan para ir ganando su amistad y su confianza y lograr que se explique conmigo en absoluta libertad... Bien que aún hay tiempo... Sólo que aquella doña Irene siempre la interrumpe, todo se lo habla... Y es muy buena mujer, buena...

SIMÓN.- En fin, señor, yo desearé que salga como usted apetece.

DON DIEGO.- Sí, yo espero en Dios que no ha de salir mal. Aunque el novio no es muy de tu gusto... ¡Y qué fuera de tiempo me recomendabas al tal sobrinito! ¿Sabes tú lo enfadado que estoy con él?

SIMÓN.- Pues ¿qué ha hecho?

DON DIEGO.- Una de las suyas... Y hasta pocos días ha no lo he sabido. El año pasado, ya lo viste, estuvo dos meses en Madrid... Y me costó buen dinero la tal visita... En fin, es mi sobrino, bien dado está; pero voy al asunto. Llegó el caso de irse a Zaragoza su regimiento... Ya te acuerdas de que a muy pocos días de haber salido de Madrid, recibí la noticia de su llegada.

SIMÓN.- Sí, señor.

DON DIEGO.- Y que siguió escribiéndome, aunque algo perezoso, siempre con la data de Zaragoza.

SIMÓN.- Así es la verdad.

DON DIEGO.- Pues el pícaro no estaba allí cuando me escribía las tales cartas.

***

RITA.- ¿Y tu amo?

CALAMOCHA.- Los dos acabamos de llegar.

RITA.- ¿De veras?

CALAMOCHA.- No, que es chanza. Apenas recibió la carta de doña Paquita, yo no sé adónde fue, ni con quién habló, ni cómo lo dispuso; sólo sé decirte que aquella tarde salimos de Zaragoza. Hemos venido como dos centellas por ese camino. Llegamos esta mañana a Guadalajara, y a las primeras diligencias nos hallamos con que los pájaros volaron ya. A caballo otra vez, y vuelta a correr y a sudar y a dar chasquidos... En suma, molidos los rocines y nosotros a medio moler, hemos parado aquí con ánimo de salir mañana... Mi teniente se ha ido al Colegio Mayor a ver a un amigo, mientras se dispone algo que cenar... Ésta es la historia.

[...]

CALAMOCHA.- Pero, acabemos. ¿Cómo te hallo aquí? ¿Con quién estás?... ¿Cuándo llegaste?... Que...

RITA.- Yo te lo diré. La madre de doña Paquita dio en escribir cartas y más cartas, diciendo que tenía concertado su casamiento en Madrid con un caballero rico, honrado, bienquisto, en suma, cabal y perfecto, que no había más que apetecer. Acosada la señorita con tales propuestas, y angustiada incesantemente con los sermones de aquella bendita monja, se vio en la necesidad de responder que estaba pronta a todo lo que la mandasen... Pero no te puedo ponderar cuánto lloró la pobrecita, qué afligida estuvo. Ni quería comer, ni podía dormir... Y al mismo tiempo era preciso disimular, para que su tía no sospechara la verdad del caso. Ello es que cuando, pasado el primer susto, hubo lugar de discurrir escapatorias y arbitrios, no hallamos otro que el de avisar a tu amo, esperando que si era su cariño tan verdadero y de buena ley como nos había ponderado, no consentiría que su pobre Paquita pasara a manos de un desconocido, y se perdiesen para siempre tantas caricias, tantas lágrimas y tantos suspiros estrellados en las tapias del corral. Apenas partió la carta a su destino, cata el coche de colleras y el mayoral Gasparet, con sus medias azules, y la madre y el novio, que vienen por ella; recogimos a toda prisa nuestros meriñaques, se atan los cofres, nos despedimos de aquellas buenas mujeres, y en dos latigazos llegamos antes de ayer a Alcalá. La detención ha sido para que la señorita visite a otra tía monja que tiene aquí, tan arrugada y tan sorda como la que dejamos allá. Ya la ha visto, ya la han besado bastante una por una todas las religiosas, y creo que mañana temprano saldremos. Por esta casualidad nos...

***

V. O. nº 3, de pág. 27

RITA.- ¿Por qué, señora?... ¿A quién dimos escándalo? Hasta ahora nadie lo ha sospechado en el convento. Él no entró jamás por las puertas, y cuando de noche hablaba con usted, mediaba entre los dos una distancia tan grande, que usted la maldijo no pocas veces... Pero esto no es del caso. Lo que voy a decir es que un amante como aquel no es posible que se olvide tan presto de su querida Paquita... Mire usted que todo cuanto hemos leído a hurtadillas en las novelas no equivale a lo que hemos visto en él... ¿Se acuerda usted de aquellas tres palmadas que se oían entre once y doce de la noche, de aquella sonora punteada con tanta delicadeza y expresión?

***

V. O. nº 4, de págs. 33-34

DOÑA IRENE.- ¿Me quieres engañar a mí, eh? ¡Ay, hija! He vivido mucho, y tengo yo mucha trastienda y mucha penetración para que tú me engañes.
DOÑA FRANCISCA.- *(Aparte.)* ¡Perdida soy!
DOÑA IRENE.- Sin contar con su madre... Como si tal madre no tuviera... Yo te aseguro que aunque no hubiera sido con esta ocasión, de todos modos era ya necesario sacarte del convento. Aunque hubiera tenido que ir a pie y sola por ese camino, te hubiera sacado de allí... ¡Mire usted qué juicio de niña éste! Que porque ha vivido un poco de tiempo entre monjas, ya se la puso en la cabeza el ser ella monja también... Ni qué entiende ella de eso, ni qué... En todos los estados se sirve a Dios, Frasquita; pero el complacer a su madre, asistirla, acompañarla y ser el consuelo de sus trabajos, ésa es la primera obligación de una hija obediente... Y sépalo usted, si no lo sabe.

***

V. O. nº 5, de pág. 39

DON CARLOS.- ¡Hermosa! ¡Qué dulce esperanza me anima!... Una sola palabra de esa boca me asegura... Para todo me da valor... En fin, ya estoy aquí... ¿Usted me llama para que la defienda, la libre, la cumpla una obligación mil y mil veces prometida? Pues a eso mismo vengo yo... Si ustedes se van a Madrid mañana, yo voy también. Su madre de usted sabrá quién soy... Allí puedo contar con el favor de un anciano respetable y virtuoso, a quien más que tío debo llamar amigo y padre. No tiene otro deudo más inmediato ni más querido que yo; es hombre muy rico, y si los dones de la fortuna tuviesen para usted algún atractivo, esta circunstancia añadiría felicidades a nuestra unión.

***

V. O. nº 6, de pág. 52

DOÑA FRANCISCA.- *(Se asoma a la ventana. Rita se queda detrás de ella.)* *(Los puntos suspensivos indican las interrupciones más o menos largas que deben hacerse.)*
Yo soy... Y ¿qué había de pensar viendo lo que usted acaba de hacer?... ¿Qué fuga es ésta?... Rita *(Apártase de la ventana, y vuelve después a asomarse)*, amiga, por Dios, ten cuidado, y si oyeres algún rumor, al instante avísame...

¿Para siempre? ¡Triste de mí!... Bien está, tírela usted... Pero yo no acabo de entender... ¡Ay, don Félix! Nunca le he visto a usted tan tímido... *(Tiran desde adentro una carta que cae por la ventana al teatro. Doña Francisca la busca y, no hallándola, vuelve a asomarse.)* No, no la he cogido; pero aquí está sin duda... ¿Y no he de saber yo hasta que llegue el día los motivos que tiene usted para dejarme muriendo?... Sí, yo quiero saberlo de [su boca] de usted. Su Paquita de usted se lo manda... Y ¿cómo le parece a usted que estará el mío?... No me cabe en el pecho. Diga usted. *(Simón se adelanta un poco, tropieza con la jaula y la deja caer.)*

RITA.- Señorita, vamos de aquí... Presto, que hay gente.

***

V. O. nº 7, de pág. 59

DON DIEGO.- Ve aquí los frutos de la educación. Esto es lo que se llama criar bien a una niña: enseñarla a que desmienta y oculte las pasiones más inocentes con una pérfida disimulación. Las juzgan honestas luego que las ven instruidas en el arte de callar y mentir. Se obstinan en que el temperamento, la edad ni el genio no han de tener influencia alguna en sus inclinaciones, o en que su voluntad ha de torcerse al capricho de quien las gobierna. Todo se las permite, menos la sinceridad. Con tal que no digan lo que sienten, con tal que finjan aborrecer lo que más desean, con tal que se presten a pronunciar, cuando se lo manden, un sí perjuro, sacrílego, origen de tantos escándalos, ya están bien criadas, y se llama excelente educación la que inspira en ellas el temor, la astucia y el silencio de un esclavo.

***

V. O. nº 8, de págs. 62-63

DON DIEGO.- Siéntate ahí... *(Siéntase don Carlos.)* ¿En dónde has conocido a esta niña?... ¿Qué amor es éste? ¿Qué circunstancias han ocurrido?... ¿Qué obligaciones hay entre los dos? ¿Dónde, cuándo la viste?

DON CARLOS.- Volviéndome a Zaragoza el año pasado, llegué a Guadalajara sin ánimo de detenerme; pero el intendente, en cuya casa de campo nos apeamos, se empeñó en que había de quedarme allí todo aquel día, por ser cumpleaños de su parienta, prometiéndome que al siguiente me dejaría proseguir mi viaje. Entre las gentes convidadas hallé a doña Paquita, a quien la señora había sacado aquel día del convento para que se esparciese un poco... Yo no sé qué vi en ella, que excitó en mí una inquietud, un deseo constante, irresistible, de mirarla, de oírla, de hallarme a su lado, de hablar con ella, de hacerme agradable a sus ojos... El intendente dijo entre otras cosas... burlándose... que yo era muy enamorado, y le ocurrió fingir que me llamaba don Félix de Toledo [...]. Yo sostuve esta ficción, porque desde luego concebí la idea de permanecer algún tiempo en aquella ciudad, evitando que llegase a noticia de usted... Observé que doña Paquita me trató con un agrado particular, y cuando por la noche nos separamos, yo quedé lleno de vanidad y de esperanzas, viéndome preferido a todos los concurrentes de aquel día, que fueron muchos. En fin... Pero no quisiera ofender a usted refiriéndole...

[...]

DON CARLOS.- [...] Como su casa de campo está inmediata a la ciudad, fácilmente iba y venía de noche... Logré que doña Paquita leyese algunas cartas mías; y con las pocas respuestas que de ella tuve, acabé de precipitarme en una pasión que mientras viva me hará infeliz.

[...]

DON CARLOS.- [...] La seña era dar tres palmadas, a las cuales respondían con otras tres desde una ventanilla que daba al corral de las monjas. Hablábamos todas las noches, muy a deshora, con el recato y las precauciones que ya se dejan entender... Siempre fui para ella don Félix de Toledo, oficial de un regimiento, estimado de mis jefes y hombre de honor... Nunca la dije más, ni la hablé de mis parientes ni de mis esperanzas, ni la di a entender que casándose conmigo podría aspirar a mejor fortuna; porque ni me convenía nombrarle a usted, ni quise exponerla a que las miras de interés, y no el amor, la inclinasen a favorecerme. De cada vez la hallé más fina, más hermosa, más digna de ser adorada... Cerca de tres meses me detuve allí; pero al fin era necesario separarnos, y una noche funesta me despedí, la dejé rendida en un desmayo mortal, y me fui, ciego de amor, adonde mi obligación me llamaba... Sus cartas consolaron por algún tiempo mi ausencia triste, y en una que recibí pocos días ha, me dijo cómo su madre trataba de casarla, que primero perdería la vida que dar su mano a otro que a mí; me acordaba mis juramentos, me exhortaba a cumplirlos... Monté a caballo, corrí precipitado el camino, llegué a Guadalajara, no la encontré, vine aquí... Lo demás lo sabe usted bien, no hay para qué decírselo.

***

V. O. nº 9, de págs. 69-70

DOÑA IRENE.- ¡Conque el bueno de don Carlos! Vaya que...

DON DIEGO.- Él y su hija de usted estaban locos de amor, mientras que usted y las tías fundaban castillos en el aire y me llenaban la cabeza de ilusiones, que han desaparecido como un sueño... Esto resulta del abuso de autoridad, de la opresión que la juventud padece; éstas son las seguridades que dan los padres y los tutores, y esto lo que se debe fiar en el sí de las niñas... Por una casualidad he sabido a tiempo el error en que estaba... ¡Ay de aquellos que lo saben tarde!

Tareas • Tareas

a oscuras ....

a pesar de ....

a tiempo ....

abajo ....

abandonar ....

abrazar(se) ....

abrir; abierto, a ....

....

abuelo, a (el, la) ....

abuso (el) ....

acariciar(se) ....

acción (la); acto (el) ....

....

acercar(se) ....

aconsejar ....

acordarse ....

acostar(se) ....

acuerdo (el) ....

adelantarse ....

adentro ....

adivinar ....

admirar(se) ....

afecto (el) ....

agujetas (las) ....

al revés ....

alcanzar ....

alejarse ....

alferecía (la) ....

alimento (el) ....

almohada (la) ....

alquilar ....

alto, a ....

alumbrar ....

amigo, a (el, la) ....

amo, a (el, la) ....

amar; amor (el); amante (el) ....

....

....

animarse ....

anteayer ....

anunciar ....

añadir ....

año (el) ....

apagar; apagado, a ....

....

apartar(se) ....

aparte ....

apasionadamente ....

apoyar ....

apreciar ....

apresurar ....

arrepentirse ....

arrodillarse ....

arrugado, a ....

asiento (el) ....

asomar(se) ....

aspecto (el) ....

astucia (la) ....

asustar(se) ....

ausencia (la) ....

ave (el) ....

ayudar; ayuda (la) ....

....

bajo, a ....

balcón (el) ....

banco (el) ....

bastante ....

bastón (el) ....

bello, a ....

besar; beso (el) ....

....

boda (la) ....

bondad (la); bueno, a ....

....

bonito, a ....

bota (la) ....

brazo (el); abrazar ....

....

buscar ....

caballo (el); caballero (el) ....

cabeza (la) ....

caer ....

calentar; calor (el) ....

....

callar ....

calma (la) ....

cambio (el) ....

camino (el) ....

campo (el) ....

cansancio (el); cansado, a ....

cantar ....

carácter (el) ....

cariño (el) ....

carta (la) ....

casa (la) ....

casar ....

castigar; castigo (el) ....

....

causa (la) ....

celebrar ....

celos (los); celoso, a ....

....

cera (la) ....

cerca de ....

encender ....

encima de ....

encinta ....

encontrar ....

enfado (el); enfadado, a ....

....

enfermedad (la); enfermizo, a ....

....

....

engañar ....

enseguida ....

enseñar ....

entrar ....

enviar ....

escalera (la) ....

escándalo (el) ....

escena (la); escenario (el) ....

....

esconder ....

escribir ....

escuchar ....

esfuerzo (el) ....

espalda (la) ....

especial ....

especie (la) ....

esperar; espera (la); esperanza (la) ....

....

....

esposo, a (el, la) ....

estado (el) ....

estar ....

estimar ....

estirarse ....

estómago (el) ....

estropear ....

excelente ....

exceso (el); excesivo, a ....

....

excusa (la) ....

experiencia (la) ....

explicar; explicación (la) ....

....

expresar; expresión (la) ....

....

extrañarse; extraño, a ....

....

extraordinario ....

extremo (el) ....

favor (el) ....

felicidad (la); feliz ....

....

fiarse ....

fiesta (la) ....

fino, a ....

fondo (el) ....

foro (el) ....

fray, fraile (el) ....

....

frecuente ....

frente a ....

fruto (el) ....

fuera ....

fuerza (la); fuerte ....

....

ganas (las) ....

generalmente ....

genio (el) ....

golpear; golpe (el) ....

....

gracias ....

gracioso, a ....

grado (el) ....

grande ....

gritar ....

guapo, a ....

guardar ....

guerra (la) ....

gustar; gusto (el) ....

....

haber ....

habilidad (la) ....

habitación (la) ....

hablar ....

hacer; hacerse; hecho (el) ....

....

hermano, a (el, la) ....

hermoso, a ....

hijo, a ....

historia (la) ....

hombre (el) ....

honor (el) ....

honrado, a ....

hora (la) ....

horror (el) ....

huella (la) ....

huerta (la) ....

humor (el) ....

idea (la) ....

igual ....

iluminar ....

ilusión (la) ....

imaginar ....

impaciencia (la); impaciente ....

....

importar ....

Tu diccionario

indicar ....

indirectamente ....

inesperado, a ....

influir ....

ingenuidad (la) ....

ingrato, a ....

injusto, a ....

inocencia (la) ....

insistir ....

instrumento (el) ....

insultar ....

inteligente ....

intendente (el) ....

intentar ....

interrumpir ....

inútilmente ....

inventar ....

invierno (el) ....

invitar; invitado, a (el, la) ....

....

ír ....

jaula (la) ....

jefe (el) ....

juicio (el) ....

julio ....

juntarse ....

junto a ....

lado (el) ....

lágrima (la) ....

largo, a ....

látigo, (el) ....

leer ....

lentamente ....

levantarse ....

lindo, a ....

llamarse ....

llave (la) ....

llegar; llegada (la) ....

....

llenar; lleno, a ....

llevar ....

llorar; lloroso,a ....

....

locura (la); loco, a ....

luego ....

lugar (el) ....

luz (la) ....

madre (la) ....

madrugar ....

madurez (la); maduro, a ....

....

mal; malicia (la); malo, a ....

....

maleta (la) ....

mandar ....

manera (la) ....

mano (la) ....

maravillarse ....

marcharse ....

marido (el) ....

mariposa (la) ....

matar ....

mayoral (el) ....

mentiroso, a ....

merecer; mérito (el) ....

....

mesa (la) ....

mes (el) ....

meter ....

miedo (el) ....

mientras ....

milagro (el) ....

militar ....

mirar ....

molido, a ....

molestia (la) ....

momento (el) ....

moneda (la) ....

monja (la) ....

mono, a ....

morir ....

motivo (el) ....

mujer (la) ....

músculo (el) ....

nacer ....

naturalidad (la) ....

negro, a ....

nervioso, a ....

niño, a (el, la) ....

noche (la) ....

nombre (el) ....

normal ....

noticia (la) ....

novedad (la) ....

novio, a (el, la) ....

nunca ....

obedecer; obediencia (la); obediente ...

....

....

objeto (el) ....

obligar; obligación (la) ....

....

observar ....
obstáculo (el) ....
obtener ....
ocupación (la) ....
ocurrir ....
ocurrirse ....
ofender ....
ofrecer ....
oír ....
oler ....
opinión (la) ....
oponerse ....
orden (la) ....
oscurecer(se); oscuro, a ....
....
paciencia (la) ....
padre (el) ....
pagar ....
pájaro (el) ....
palabra (la) ....
palma (la); palmada (la) ....
....
pañuelo (el) ....
papel (el) ....
par (el) ....
parar ....
parecer; parecido, a ....
....
pared (la) ....
pariente, a (el, la) ....
parte (la) ....
pasar; paso (el) ....
....
pasear ....
pasillo (el) ....
pasión (la) ....
pedir ....
pegar ....
pena (la) ....
pensar ....
perder; perdido, a ....
....
perdonar ....
pereza (la) ....
persona (la) ....
pícaro, a (el, la) ....
pie (el) ....
plan (el) ....
plato (el) ....
poco, a ....
poder ....
poner ....

por casualidad ....
por cierto ....
por desgracia ....
por la fuerza ....
por lo menos ....
por obligación ....
portarse ....
posada (la) ....
posible ....
precipitadamente ....
preocuparse; preocupado, a; preocupación (la) .....
....
....
principal ....
prisa (la); apresurar ....
....
prometer; promesa (la) ....
....
proporción (la) ....
proteger ....
provecho (el) ....
prudencia (la) ....
puerta (la) ....
puro, a ....
quedarse ....
quejarse; queja (la) ....
....
querer ....
quitar ....
quizá(s) ....
rápido; rápidamente ....
....
razón (la) ....
recibir ....
recomendar ....
recordar ....
regimiento (el) ....
reír ....
relación (la) ....
religioso, a ....
remedio (el) ....
repetir ....
respaldo (el) ....
respeto (el) ....
retrato (el) ....
rezar ....
robar ....
rodeo (el) ....
roncar ....
ropa (la) ....
rosario (el) ....
ruido (el) ....
sábana (la) ....

saber ....
sacar ....
sala (la) ....
salir ....
salud (la) ....
saludar ....
santo, a ....
secar; seco, a ....
....
seguir ....
seguridad (la); seguro, a ....
....
semana (la) ....
sencillez (la) ....
sentar(se) ....
sentir; sentimiento (el) ....
....
señal (la) ....
señor, a (el, la); señorito, a (el, la) ...
....
....
separarse ....
septiembre ....
serio, a ....
sermón (el) ....
servir ....
servilleta (la) ....
siempre ....
silencio (el) ....
silla (la) ....
simple ....
sinceridad (la); sincero, a .....
....
sinvergüenza ....
situación (la) ....
soler ....
solución (la) ....
sombrero (el) ....
sorprender ....
sostener(se) ....
suavemente ....
subir ....
suceder; suceso (el) ....
....
sueño (el) ....
suerte (la) ....
sufrir ....

sumar ....
superior ....
tal vez ....
tardar; tarde ....
....
taza (la) ....
teatro (el) ....
tela (la) ....
temer ....
temprano ....
tener ....
terrible ....
tiempo (el) ....
tío, a (el, la) ....
tirar ....
tocar ....
todavía ....
tomar ....
tordo (el) ....
tranquilizar; tranquilidad (la) ..
....
tratar de ....
tropezar ....
único, a ....
unión (la); unidad (la) ....
....
usar; uso (el) ....
valor (el) ....
vejez (la); viejo, a ....
....
vela (la) ....
venir ....
ventana (la) ....
ver ....
verano (el) ....
verdad (la); verdadero, a ....
....
verde ....
vestir ....
vicio (el) ....
visitar; visita (la) ....
....
vivir; vivo, a; vida (la) ....
....
volver ....
voz (la) ....

Guía de comprensión lectora.

1 ¿Qué noticia da don Diego a su criado Simón? ....

2 ¿Por qué don Diego quiere ocultar esta noticia? ....

3 ¿Cómo había interpretado Simón las palabras de su amo? ....

4 ¿Dónde vivía doña Francisca antes de su viaje a Madrid? ....

5 ¿Cómo engañó don Carlos a su tío? ....

6 ¿Por qué doña Paquita no habla libremente con don Diego sobre su boda? ....

7 ¿Para qué ha venido don Félix a Alcalá? ....

8 ¿Dónde le conoció doña Paquita? ....

9 ¿Qué explicación da doña Irene al silencio de su hija? ....

10 ¿Por qué doña Paquita acepta su matrimonio? ....

11 ¿Qué razón obliga a don Félix a marchar de la posada, después de prometer ayuda a doña Paquita? ....

12 ¿Qué piensa doña Francisca de esta marcha? ....

13 ¿Quién es el que toca música a las tres de la mañana? ....

14 ¿Cómo descubre todo don Diego? ....

15 ¿Cuál es el desenlace del conflicto? ....

Escribe tu ficha RESUMEN